Einstern

Mathematik für Grundschulkinder

2

Themenheft 3

⭐ Multiplikation und Division
⭐ Einmaleins
⭐ Sachaufgaben Teil 3
⭐ Geometrie Teil 2 – Flächen

Erarbeitet von Roland Bauer und Jutta Maurach

In Zusammenarbeit mit der
Cornelsen Redaktion Grundschule

Cornelsen

Einstern 2

Mathematik für Grundschulkinder
Themenheft 3
Multiplikation und Division
Einmaleins
Sachaufgaben Teil 3
Geometrie Teil 2 – Flächen

Erarbeitet von:	Roland Bauer, Jutta Maurach
Fachliche Beratung:	Prof'in Dr. Silvia Wessolowski
Fachliche Beratung exekutive Funktionen:	Dr. Sabine Kubesch, INSTITUT BILDUNG plus, im Auftrag des ZNL TransferZentrum für Neurowissenschaften und Lernen, Ulm
Redaktion:	Friederike Thomas, Uwe Kugenbuch, Peter Groß
Illustration:	Yo Rühmer
Umschlaggestaltung:	Cornelia Gründer, agentur corngreen, Leipzig
Layout und technische Umsetzung:	lernsatz.de

fex steht für *Förderung exekutiver Funktionen*. Hierbei werden neueste Erkenntnisse der kognitiven Neurowissenschaft zum spielerischen Training exekutiver Funktionen für die Praxis nutzbar gemacht. **fex** wurde vom **ZNL TransferZentrum für Neurowissenschaften und Lernen** *(www.znl-ulm.de)* an der Universität Ulm gemeinsam mit der **Wehrfritz GmbH** *(www.wehrfritz.com)* ins Leben gerufen. Der Cornelsen Verlag hat in Kooperation mit dem ZNL ein Konzept für die Förderung exekutiver Funktionen im Unterrichtswerk *Einstern* entwickelt.

Bildnachweis

72 Fotolia (alle), jeweils: fotohansel (1), Andrey Kuzmin (2), Maimento (3), Atlantis (4), madgooch (5), Christine Wächter (Illustration 6, 8), Zerbor (7), Malyshchyts Viktar (9), grossimov (10), unpict (11), markus_marb (12), pupes1 (13), syomao (14), JWS (15), Oleksiy Mark (16), Nasared (17)

www.cornelsen.de

1. Auflage, 9. Druck 2021

Alle Drucke dieser Auflage sind inhaltlich unverändert
und können im Unterricht nebeneinander verwendet werden.

© 2015 Cornelsen Schulverlage GmbH, Berlin
© 2017 Cornelsen Verlag GmbH, Berlin

Druck: Athesiadruck GmbH

ISBN 978-3-06-083071-8
ISBN 978-3-06-084234-6 (E-Book: alle Themenhefte Einstern 2)

PEFC zertifiziert
Dieses Produkt stammt aus nachhaltig bewirtschafteten Wäldern und kontrollierten Quellen.
www.pefc.de

PEFC
PEFC/18-31-166

Inhaltsverzeichnis

Malaufgaben

Malaufgaben kennenlernen

Malaufgaben erkennen .... 6 ☐

Malaufgaben in verschiedenen Darstellungen erkennen .... 7 ☐

Zu Bildern Plus- und Malaufgaben finden .... 8 ☐

Verschiedene Darstellungen in Punktebilder übertragen .... 9 ☐

Handeln, zeichnen und rechnen .... 10 ☐

Zu Punktefeldern Plus- und Malaufgaben finden .... 11 ☐

Zueinanderpassende Plus- und Malaufgaben finden .... 12 ☐

Zu Punktefeldern Tauschaufgaben finden .... 13 ☐

Zerlegungsaufgaben kennenlernen .... 14 ☐

Verdopplungsaufgaben kennenlernen .... 15 ☐

Nachbaraufgaben kennenlernen .... 16 ☐

Einmaleins erarbeiten und üben

Einmaleins mit 1, 2, 5 und 10

Einmaleins mit 1 erarbeiten .... 17 ☐

Einmaleins mit 10 erarbeiten .... 18 ☐

Einmaleins mit 5 erarbeiten .... 19 ☐

Einmaleinsaufgaben mit 5 lösen .... 20 ☐

Einmaleinsaufgaben mit 1, 10 und 5 lösen .... 21 ☐

Einmaleins mit 2 erarbeiten .... 22 ☐

Einmaleinsaufgaben mit 2 lösen .... 23 ☐

Einmaleinsaufgaben mit 1, 2, 5, 10 und Tauschaufgaben lösen (1) ...... 24 ☐

Einmaleinsaufgaben mit 1, 2, 5, 10 und Tauschaufgaben lösen (2) ...... 25 ☐

Einmaleins mit 4 und 8

Einmaleins mit 4 erarbeiten .... 26 ☐

Einmaleinsaufgaben mit 4 lösen .... 27 ☐

Einmaleins mit 8 erarbeiten .... 28 ☐

Einmaleinsaufgaben mit 8 lösen .... 29 ☐

Einmaleinsaufgaben mit 2, 4 und 8 lösen .... 30 ☐

Einmaleins mit 3, 6 und 9

Einmaleins mit 3 erarbeiten .... 31 ☐

Einmaleinsaufgaben mit 3 lösen .... 32 ☐

Einmaleins mit 6 erarbeiten .... 33 ☐

Einmaleinsaufgaben mit 6 lösen .... 34 ☐

Einmaleins mit 9 erarbeiten .... 35 ☐

Einmaleinsaufgaben mit 3, 6 und 9 lösen (1) .... 36 ☐

Einmaleinsaufgaben mit 3, 6 und 9 lösen (2) .... 37 ☐

Einmaleins mit 7

Einmaleins mit 7 erarbeiten .... 38 ☐

Einmaleinsaufgaben mit 7 lösen .... 39 ☐

Einmaleins üben

Mit der Einmaleinstafel üben .... 40 ☐

Malaufgaben mit dem eigenen Rechenweg lösen .... 41 ☐

Einmaleinsaufgaben üben (1) .... 42 ☐

Einmaleinsaufgaben üben (2) .... 43 ☐

Einmaleinsaufgaben üben (3) .... 44 ☐

Geteiltaufgaben

Geteiltaufgaben kennenlernen

★ Geteiltaufgaben kennenlernen – Aufteilen .... 45 ☐
★ Zu Bildern Geteiltaufgaben finden – Aufteilen .... 46 ☐
★ Zu Geteiltaufgaben Bilder zeichnen – Aufteilen .... 47 ☐
★ Geteiltaufgaben kennenlernen – Verteilen .... 48 ☐
★ Zu Bildern Geteiltaufgaben finden – Verteilen .... 49 ☐
★ Zu Geteiltaufgaben Bilder zeichnen – Verteilen .... 50 ☐
★ Handeln, zeichnen und rechnen – Verteilen .... 51 ☐

Geteiltaufgaben üben

★ Zu Geteiltaufgaben passende Malaufgaben finden (1) .... 52 ☐
☆ Zu Geteiltaufgaben passende Malaufgaben finden (2) .... 53 ☐
★ Zu Geteiltaufgaben passende Malaufgaben finden (3) .... 54 ☐
★ Geteiltaufgaben lösen und kontrollieren .... 55 ☐
★ Geteiltaufgaben lösen (1) .... 56 ☐
☆ Geteiltaufgaben lösen (2) .... 57 ☐
★ Verdoppeln und halbieren (1) .... 58 ☐
★ Verdoppeln und halbieren (2) .... 59 ☐

Geteiltaufgaben mit Rest kennenlernen und üben

★ Geteiltaufgaben mit Rest kennenlernen .... 60 ☐
★ Zu Bildern Geteiltaufgaben mit Rest finden und lösen .... 61 ☐
★ Zu Geteiltaufgaben mit Rest Bilder zeichnen .... 62 ☐
★ Geteiltaufgaben mit Rest passende Malaufgaben zuordnen .... 63 ☐
★ Geteiltaufgaben mit Rest lösen (1) .... 64 ☐
☆ Geteiltaufgaben mit Rest lösen (2) .... 65 ☐

Sachaufgaben

Zu Sachaufgaben Rechenbilder finden

★ Zu Situationen Punktebilder und Aufgaben finden .... 66 ☐
★ Zu Rechengeschichten Punktebilder und Aufgaben finden (1) .... 67 ☐
☆ Zu Rechengeschichten Punktebilder und Aufgaben finden (2) .... 68 ☐
☆ Zu Punktebildern Rechengeschichten und Aufgaben finden .... 69 ☐
☆ Zwei Rechenschritte in Punktebildern ablesen und darstellen .... 70 ☐
★ Lösungshilfen kennenlernen .... 71 ☐

Flächen

Geometrische Figuren erkennen

★ Rechtecke, Quadrate, Dreiecke und Kreise entdecken .... 72 ☐
★ Vierecke, Rechtecke, Quadrate, Dreiecke und Kreise erkennen .... 73 ☐
★ Rechtecke, Quadrate, Dreiecke und Kreise erkennen .... 74 ☐
☆ In der Vorstellung Figuren zusammensetzen .... 75 ☐
★ Tangram legen .... 76 ☐

Flächeninhalte bestimmen

★ Flächeninhalte bestimmen und vergleichen (1) .... 77 ☐
★ Flächeninhalte bestimmen und vergleichen (2) .... 78 ☐
★ Flächen von Quadraten und Rechtecken zerlegen .... 79 ☐
☆ Figuren zeichnen und Flächeninhalte ermitteln .... 80 ☐

Ich bin
Einstern ...

... und ich helfe dir:

erkennen

verstehen

merken

1 Schreibe zu jedem Bild die Plusaufgabe und die Malaufgabe.

a)

3 + 3 + 3 + 3 + 3 + 3 + 3

7 mal 3

b)

c)

d)

e)

f)

2 Zeichne selbst weitere Beispiele.
Bitte ein anderes Kind, dazu Plus-
und Malaufgaben zu schreiben.

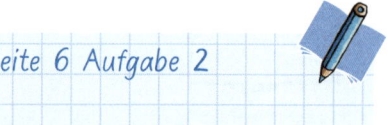

Seite 6 Aufgabe 2

...

* übersetzen Problemstellungen aus Sachsituationen in die Sprache der Mathematik
* übertragen eine Darstellung in eine andere
* stellen Vermutungen über mathematische Zusammenhänge und Auffälligkeiten an und erklären diese mit Beispielen

1 Suche dir ein anderes Kind.

Legt mit Steckwürfeln und findet Plus- und Malaufgaben dazu.

2 Schreibe zu jedem Bild die Plusaufgabe und die Malaufgabe.

a)

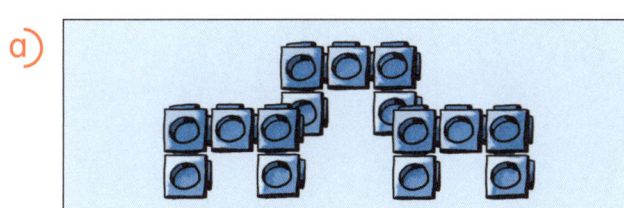

$5 + 5 + 5 = 15$

$3 \text{ mal } 5 = 15$

b)

c)

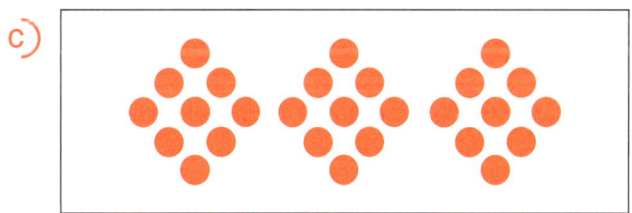

d)

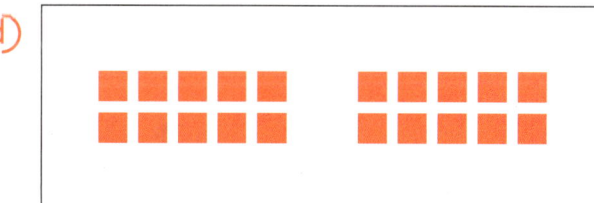

e)

f)

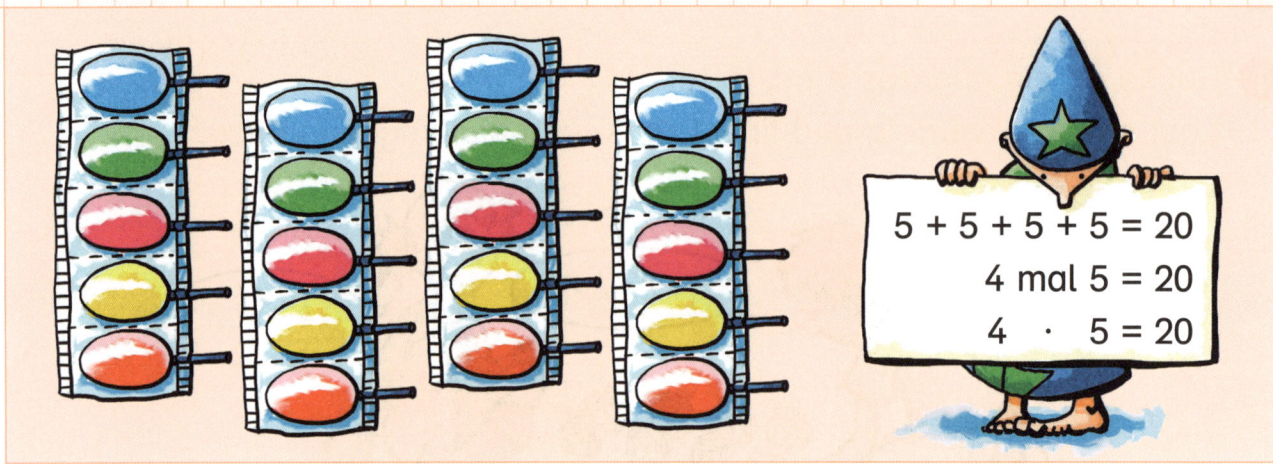

$$5 + 5 + 5 + 5 = 20$$
$$4 \text{ mal } 5 = 20$$
$$4 \cdot 5 = 20$$

1 Schreibe zu jedem Bild die Plusaufgabe und die Malaufgabe.
Rechne sie aus.

a)
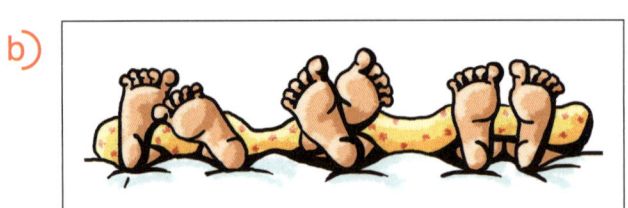

$$8 + 8 + 8 = 24$$
$$3 \cdot 8 = 24$$

b)

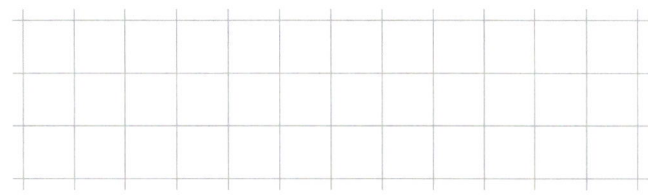

c)

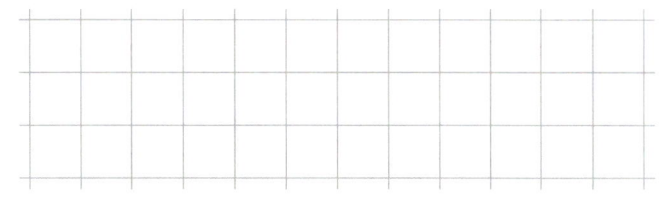

d)

e)

∗ übersetzen Problemstellungen aus Sachsituationen in die Sprache der Mathematik und lösen diese
∗ übertragen eine Darstellung in eine andere
8 ∗ ordnen Sachsituationen den Grundrechenarten zu

1 Suche dir ein anderes Kind.
Stellt mit Dingen
Malaufgaben dar.
Legt passende
Punktebilder dazu.

2 Zeichne zu jedem Bild ein Punktebild.
Schreibe die Plusaufgabe und die Malaufgabe dazu.

a)

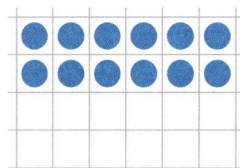

$6 + 6 = 12$

$2 \cdot 6 = 12$

b)

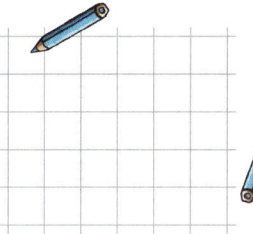

c)

d)

3 leere Kartons
$0 + 0 + 0 = 0$
$3 \cdot 0 = 0$

★ bearbeiten Aufgaben gemeinsam und erklären anderen ihren Lösungsweg
★ übertragen eine Darstellung in eine andere und wechseln zwischen verschiedenen Darstellungsformen
★ ordnen Sachsituationen den Grundrechenarten zu

→ Ü Seite 24

1 Baue eine Mauer aus Steckwürfeln.
In jeder Reihe sollen 8 Würfel sein.
Die Mauer soll 5 Reihen hoch sein.

a) Zeichne die Mauer zu Ende.

b) Wie viele Würfel brauchst du?
Schreibe die passende Plusaufgabe auf.
Schreibe die passende Malaufgabe auf.

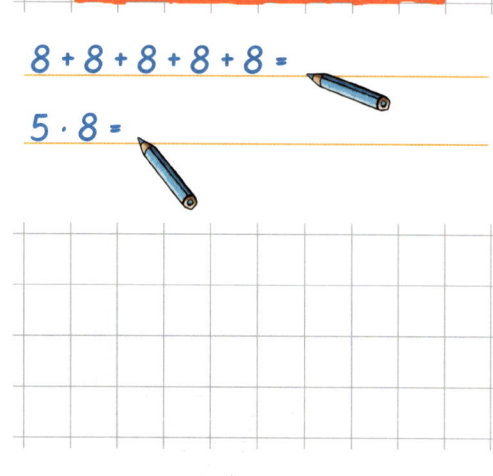

$8 + 8 + 8 + 8 + 8 =$

$5 \cdot 8 =$

2 Baue aus Steckwürfeln 5 Vierertürme.

a) Zeichne die Türme hier auf.

b) Wie viele Würfel brauchst du?
Schreibe die passende Plusaufgabe auf.
Schreibe die passende Malaufgabe auf.

3 Mache mit deiner nassen Hand
vier Abdrücke auf die Tafel.

a) Zeichne das Tafelbild hier auf.

b) Wie viele Finger siehst du auf dem Bild?
Schreibe die passende Plusaufgabe auf.
Schreibe die passende Malaufgabe auf.

4 Lege 3 Reihen mit Bonbons.
In jeder Reihe sollen 6 Bonbons liegen.

a) Zeichne die Bonbons hier auf.

b) Wie viele Bonbons hast du insgesamt
vor dir liegen?
Schreibe die passende Plusaufgabe auf.
Schreibe die passende Malaufgabe auf.

★ übertragen eine Darstellung in eine andere und wechseln zwischen verschiedenen Darstellungsformen
★ übersetzen Problemstellungen aus Sachsituationen in die Sprache der Mathematik und lösen diese
★ ordnen Sachsituationen den Grundrechenarten zu

1 Suche dir ein anderes Kind. Zeigt auf dem Hunderterfeld mit Hilfe des Malwinkels Punktefelder. Findet die passenden Plus- und Malaufgaben.

$$5 + 5 + 5 + 5 = 20$$
$$4 \cdot 5 = 20$$

2 Schreibe zu jedem Punktefeld die Plusaufgabe und die Malaufgabe. Rechne sie aus.

a)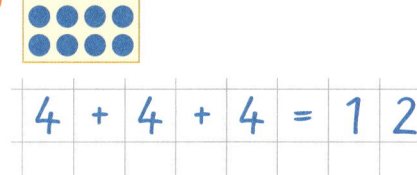

$$4 + 4 + 4 = 1\,2$$
$$3 \cdot 4 = 1\,2$$

b)

c)

d)

3 Stelle auf dem Hunderterfeld mit dem Malwinkel passende Punktefelder dar. Schreibe die Plusaufgabe und die Malaufgabe auf. Löse die Aufgaben.

a) $6 + 6 + 6 + 6 = 24$
$4 \cdot 6 = \boxed{24}$

b)
$5 \cdot 5 = \boxed{}$

c) $3 \cdot 7 = \boxed{}$

d) $2 \cdot 9 = \boxed{}$

e) $6 \cdot 3 = \boxed{}$

f) $4 \cdot 8 = \boxed{}$

★ bearbeiten Aufgabenstellungen gemeinsam und erklären anderen ihren Lösungsweg
★ übertragen eine Darstellung in eine andere und wechseln zwischen verschiedenen Darstellungsformen

11

1 Male die Aufgaben, die zusammengehören, in der gleichen Farbe an.
Rechne die Aufgaben aus.

$4 \cdot 4 =$ 16

$4 + 4 + 4 + 4 =$ 16

$9 + 9 + 9 =$ ☐

$3 + 3 + 3 + 3 + 3 + 3 + 3 + 3 =$ ☐

$7 + 7 =$ ☐

$3 \cdot 3 =$ ☐

$5 \cdot 2 =$ ☐

$2 + 2 + 2 + 2 + 2 =$ ☐

$2 \cdot 7 =$ ☐

$8 \cdot 3 =$ ☐

$3 \cdot 9 =$ ☐

$3 + 3 + 3 =$ ☐

$7 + 7 + 7 + 7 =$ ☐

$4 \cdot 7 =$ ☐

2 Schreibe zu jeder Plusaufgabe die passende Malaufgabe.
Rechne beide Aufgaben aus.

a) $4 + 4 + 4 =$ 12

$3 \cdot 4 = 12$

b) $6 + 6 + 6 + 6 + 6 =$ ☐

c) $5 + 5 + 5 =$ ☐

d) $9 + 9 =$ ☐

e) $8 + 8 + 8 + 8 =$ ☐

f) $7 + 7 + 7 =$ ☐

3 Schreibe zu jeder Malaufgabe die passende Plusaufgabe.
Rechne beide Aufgaben aus.

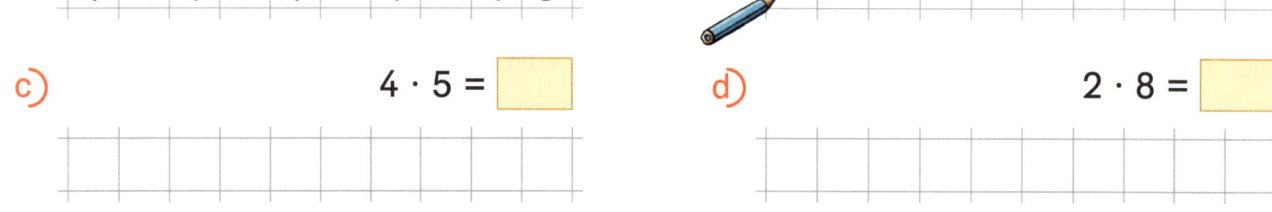

a) $4 \cdot 4 =$ 16

$4 + 4 + 4 + 4 = 16$

b) $3 \cdot 6 =$ ☐

c) $4 \cdot 5 =$ ☐

d) $2 \cdot 8 =$ ☐

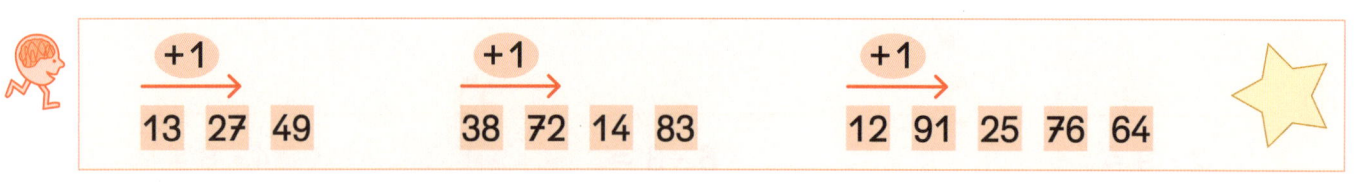

+1
13 27 49

+1
38 72 14 83

+1
12 91 25 76 64

* übertragen eine Darstellung in eine andere und wechseln zwischen
verschiedenen Darstellungsformen von Operationen

Das sieht Tim:	Das sieht Lea:
$5 + 5 + 5 + 5 + 5 + 5 = 30$	$6 + 6 + 6 + 6 + 6 = 30$
$6 \cdot 5 = 30$	$5 \cdot 6 = 30$

1 Schreibe zu jedem Punktefeld zwei Plusaufgaben
und zwei Malaufgaben.

a)

b)

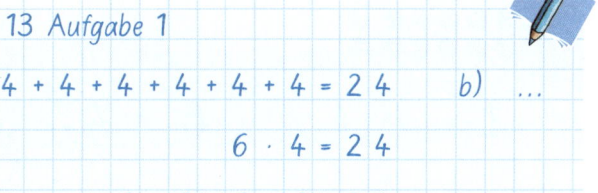

Seite 13 Aufgabe 1

a) $4 + 4 + 4 + 4 + 4 + 4 = 24$ b) ...

$6 \cdot 4 = 24$

$6 + 6 + 6 + 6 = 24$

$4 \cdot 6 = 24$

c)

d)

e)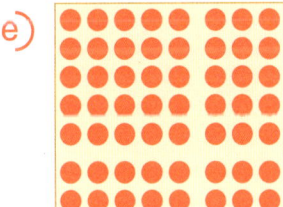

f)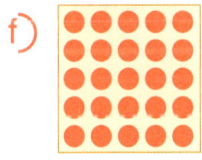

Zwei Malaufgaben:
Aufgabe und
Tauschaufgabe

2 Schreibe zu jedem Punktefeld die Malaufgabe
und die Tauschaufgabe.

a)

b)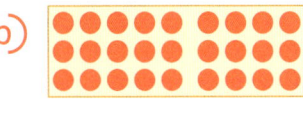

c)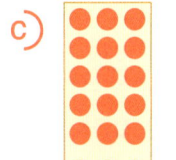

d)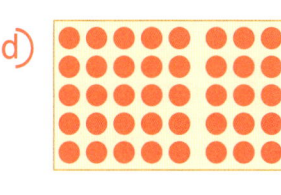

$2 \cdot 10$

$10 \cdot 2$

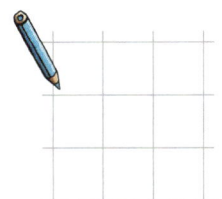

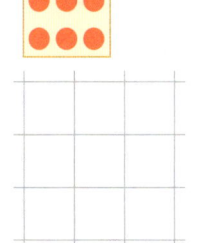

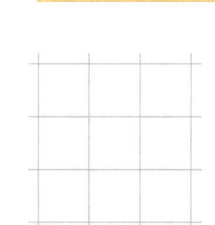

∗ denken über mathematische Beziehungen nach und prüfen diese
∗ übertragen eine Darstellung in eine andere und wechseln
zwischen verschiedenen Darstellungsformen

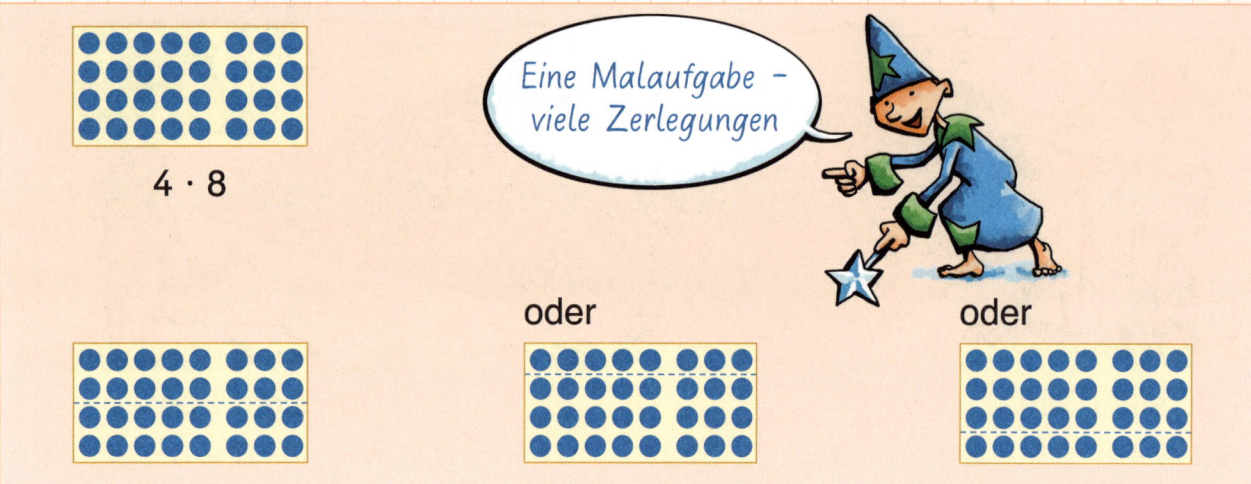

4 · 8

Eine Malaufgabe –
viele Zerlegungen

oder   oder

2 · 8 + 2 · 8 = 4 · 8   1 · 8 + 3 · 8 = 4 · 8   3 · 8 + 1 · 8 = 4 · 8

1 Schreibe die Zerlegungsaufgaben auf.

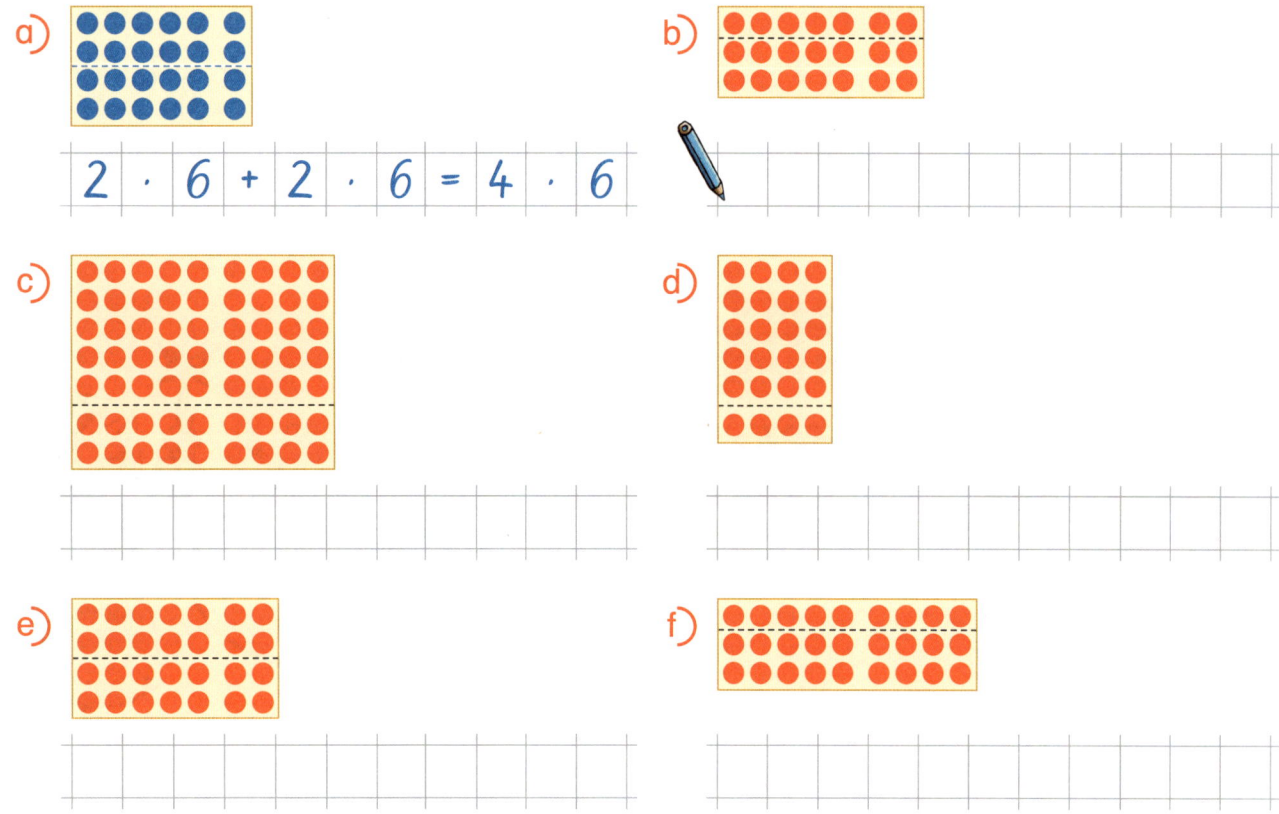

a) 2 · 6 + 2 · 6 = 4 · 6

b)

c)

d)

e)

f)

2 Setze die Aufgaben zusammen.
Du kannst als Hilfe Punktefelder mit dem Malwinkel darstellen.

a) 1 · 4 + 2 · 4 = [3] · [4]

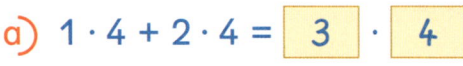

b) 2 · 5 + 2 · 5 = [ ] · [ ]

c) 5 · 3 + 1 · 3 = [ ] · [ ]

d) 5 · 8 + 2 · 8 = [ ] · [ ]

e) 2 · 6 + 2 · 6 = [ ] · [ ]

f) 5 · 7 + 1 · 7 = [ ] · [ ]

* denken über mathematische Beziehungen nach und prüfen diese
* übertragen eine Darstellung in eine andere und wechseln zwischen
  verschiedenen Darstellungsformen

→ Ü Seite 26

$3 \cdot 4 = 12$

Zu $3 \cdot 4 = 12$
gibt es
2 Verdopplungsaufgaben:
$6 \cdot 4 = 24$
und $3 \cdot 8 = 24$.

$3 \cdot 4 + 3 \cdot 4 = 6 \cdot 4$
$12 \; + \; 12 \; = 24$

$3 \cdot 4 + 3 \cdot 4 = 3 \cdot 8$
$12 \; + \; 12 \; = \; 24$

1 Bilde Verdopplungsaufgaben wie Lea.
Löse die Aufgaben. Du kannst als Hilfe Punktefelder
mit dem Malwinkel darstellen und mit dem Spiegel verdoppeln.

a) $2 \cdot 5 + 2 \cdot 5 = \boxed{4} \cdot \boxed{5}$ b) $5 \cdot 3 + 5 \cdot 3 = \boxed{} \cdot \boxed{}$ c) $2 \cdot 3 + 2 \cdot 3 = \boxed{} \cdot \boxed{}$
$\boxed{10} + \boxed{10} = \boxed{20}$ $\boxed{} + \boxed{} = \boxed{}$ $\boxed{} + \boxed{} = \boxed{}$

d) $5 \cdot 4 + 5 \cdot 4 = \boxed{} \cdot \boxed{}$ e) $3 \cdot 5 + 3 \cdot 5 = \boxed{} \cdot \boxed{}$ f) $4 \cdot 4 + 4 \cdot 4 = \boxed{} \cdot \boxed{}$
$\boxed{} + \boxed{} = \boxed{}$ $\boxed{} + \boxed{} = \boxed{}$ $\boxed{} + \boxed{} = \boxed{}$

2 Bilde Verdopplungsaufgaben wie Tim. Löse die Aufgaben.

a) $2 \cdot 5 + 2 \cdot 5 = \boxed{2} \cdot \boxed{10}$ b) $5 \cdot 3 + 5 \cdot 3 = \boxed{} \cdot \boxed{}$ c) $2 \cdot 3 + 2 \cdot 3 = \boxed{} \cdot \boxed{}$
$\boxed{10} + \boxed{10} = \boxed{20}$ $\boxed{} + \boxed{} = \boxed{}$ $\boxed{} + \boxed{} = \boxed{}$

d) $5 \cdot 4 + 5 \cdot 4 = \boxed{} \cdot \boxed{}$ e) $3 \cdot 5 + 3 \cdot 5 = \boxed{} \cdot \boxed{}$ f) $4 \cdot 4 + 4 \cdot 4 = \boxed{} \cdot \boxed{}$
$\boxed{} + \boxed{} = \boxed{}$ $\boxed{} + \boxed{} = \boxed{}$ $\boxed{} + \boxed{} = \boxed{}$

3 Bilde beide Verdopplungsaufgaben. Löse die Aufgaben.

a) $4 \cdot 3 + 4 \cdot 3 = \boxed{8} \cdot \boxed{3}$ b) $2 \cdot 4 + 2 \cdot 4 = \boxed{} \cdot \boxed{}$ c) $4 \cdot 5 + 4 \cdot 5 = \boxed{} \cdot \boxed{}$
$\boxed{12} + \boxed{12} = \boxed{24}$ $\boxed{} + \boxed{} = \boxed{}$ $\boxed{} + \boxed{} = \boxed{}$

$4 \cdot 3 + 4 \cdot 3 = \boxed{4} \cdot \boxed{6}$ $2 \cdot 4 + 2 \cdot 4 = \boxed{} \cdot \boxed{}$ $4 \cdot 5 + 4 \cdot 5 = \boxed{} \cdot \boxed{}$
$\boxed{12} + \boxed{12} = \boxed{24}$ $\boxed{} + \boxed{} = \boxed{}$ $\boxed{} + \boxed{} = \boxed{}$

★ bearbeiten Aufgabenstellungen gemeinsam
und erklären anderen ihren Lösungsweg
★ übertragen eine Darstellung in eine andere

15

Nachbaraufgaben kennenlernen

Nachbaraufgabe	Aufgabe	Nachbaraufgabe

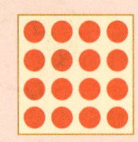

$5 \cdot 4 - 1 \cdot 4 = 4 \cdot 4$
$20 \quad - \quad 4 \quad = \quad 16$

$5 \cdot 4 = 20$

$5 \cdot 4 + 1 \cdot 4 = 6 \cdot 4$
$20 \quad + \quad 4 \quad = \quad 24$

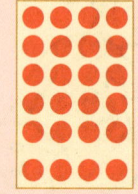

Eine Reihe weniger   *Eine Reihe mehr*

1 Finde zu den Punktefeldern passende Nachbaraufgaben und löse sie.

a)

$7 \cdot 3 - 1 \cdot 3 = \boxed{6} \cdot \boxed{3}$
$\boxed{21} - \boxed{3} = \boxed{18}$

$7 \cdot 3 = 21$

$7 \cdot 3 + 1 \cdot 3 = \boxed{8} \cdot \boxed{3}$
$\boxed{21} + \boxed{3} = \boxed{24}$

b)

$4 \cdot 7 - 1 \cdot 7 = \boxed{} \cdot \boxed{}$
$\boxed{} - \boxed{} = \boxed{}$

$4 \cdot 7 = 28$

$4 \cdot 7 + 1 \cdot 7 = \boxed{} \cdot \boxed{}$
$\boxed{} + \boxed{} = \boxed{}$

2 Schreibe zu jeder Malaufgabe ihre beiden Nachbaraufgaben auf.
Löse die Nachbaraufgaben.

a) $3 \cdot 6 = 18$ b) $7 \cdot 2 = 14$ c) $5 \cdot 3 = 15$

d) $4 \cdot 9 = 36$ e) $3 \cdot 4 = 12$ f) $5 \cdot 5 = 25$

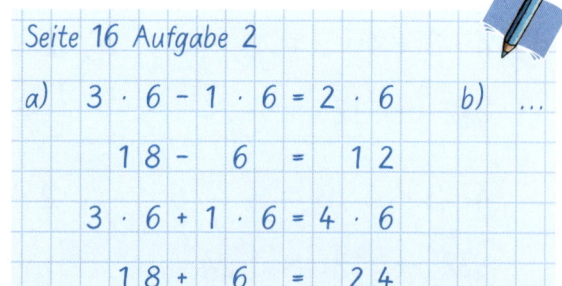

Seite 16 Aufgabe 2
a) $3 \cdot 6 - 1 \cdot 6 = 2 \cdot 6$ b) ...
       $18 - 6 = 12$
       $3 \cdot 6 + 1 \cdot 6 = 4 \cdot 6$
       $18 + 6 = 24$

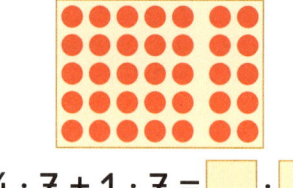

★ denken über mathematische Beziehungen
   nach und prüfen diese
★ übertragen eine Darstellung in eine andere

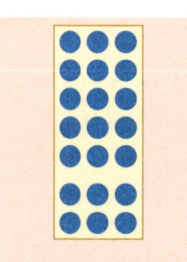

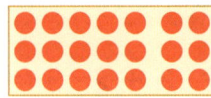

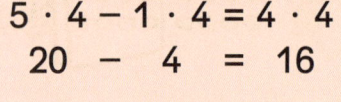

Das sind 7 Äpfel.

7 · 1 = 7

1 Schreibe zu den Punktefeldern passend das Einmaleins mit 1.

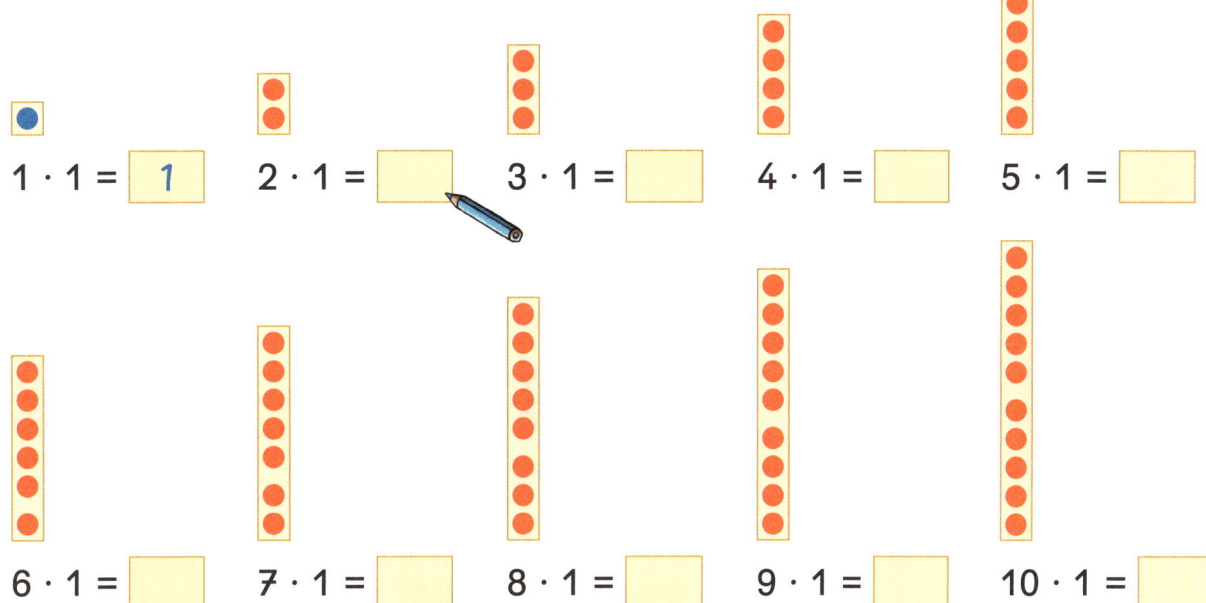

1 · 1 = 1   2 · 1 =   3 · 1 =   4 · 1 =   5 · 1 =

6 · 1 =   7 · 1 =   8 · 1 =   9 · 1 =   10 · 1 =

2 Schreibe das Einmaleins mit 1 bis 10 · 1 auf.

Seite 17 Aufgabe 2

Einmaleins mit 1

1 · 1 = 1
⋮

3 Löse die Aufgaben aus dem Einmaleins mit 1.

a) 3 · 1 = 3

5 · 1 =

0 · 1 =

1 · 1 =

8 · 1 =

10 · 1 =

b) 7 =   · 1

2 =   · 1

4 =   · 1

6 =   · 1

9 =   · 1

0 =   · 1

c)   = 2 · 1

     = 5 · 1

     = 7 · 1

     = 8 · 1

     = 0 · 1

     = 9 · 1

★ übersetzen Punktebilder in die Sprache der Mathematik
★ nutzen Zahlbeziehungen für vorteilhaftes Rechnen
★ lösen Aufgaben des kleinen Einmaleins mit 1

Einmaleins mit 10 erarbeiten

Zusammen 20 Finger

$2 \cdot 10 = 20$

1 Schreibe zu den Punktefeldern passend das Einmaleins mit 10.

$1 \cdot 10 = \boxed{10}$

$2 \cdot 10 = \boxed{}$

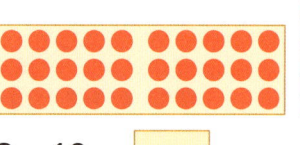

$3 \cdot 10 = \boxed{}$

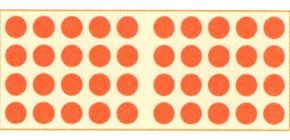

$4 \cdot 10 = \boxed{}$

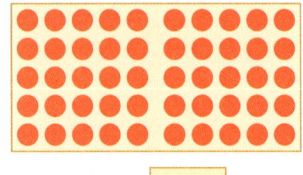

$5 \cdot 10 = \boxed{}$

$6 \cdot 10 = \boxed{}$

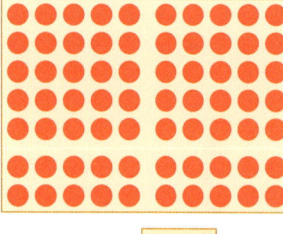

$7 \cdot 10 = \boxed{}$

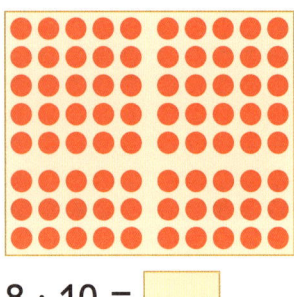

$8 \cdot 10 = \boxed{}$

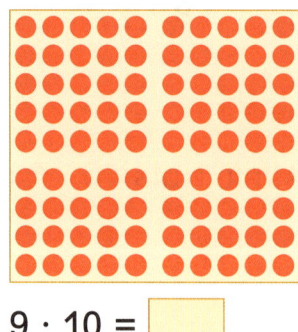

$9 \cdot 10 = \boxed{}$

$10 \cdot 10 = \boxed{}$

2 Schreibe das Einmaleins mit 10 bis $10 \cdot 10$ auf.

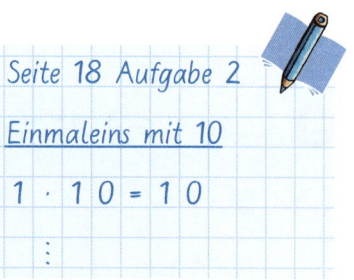

Seite 18 Aufgabe 2

Einmaleins mit 10

1 · 10 = 10

3 Löse die Aufgaben aus dem Einmaleins mit 10.

a) $3 \cdot 10 = \boxed{30}$

$0 \cdot 10 = \boxed{}$

$10 \cdot 10 = \boxed{}$

b) $80 = \boxed{} \cdot 10$

$60 = \boxed{} \cdot 10$

$20 = \boxed{} \cdot 10$

c) $\boxed{} = 5 \cdot 10$

$\boxed{} = 7 \cdot 10$

$\boxed{} = 4 \cdot 10$

★ übersetzen Punktebilder in die Sprache der Mathematik
★ nutzen Zahlbeziehungen für vorteilhaftes Rechnen
★ lösen Aufgaben des kleinen Einmaleins mit 10

→ Ü Seite 27

$1 \cdot 5 = \blacksquare$ $2 \cdot 5 = \blacksquare$ $2 \cdot 5 + 1 \cdot 5 = 3 \cdot 5$ $2 \cdot 5 + 2 \cdot 5 = 4 \cdot 5$

$5 \cdot 5 = \blacksquare$ $5 \cdot 5 + 1 \cdot 5 = 6 \cdot 5$ $5 \cdot 5 + 2 \cdot 5 = 7 \cdot 5$ $4 \cdot 5 + 4 \cdot 5 = 8 \cdot 5$

$10 \cdot 5 - 1 \cdot 5 = 9 \cdot 5$ $10 \cdot 5 = \blacksquare$

Die roten Aufgaben sind die Kernaufgaben. Merke sie dir gut. Mit ihnen kannst du alle anderen Aufgaben lösen.

1 Löse die Kernaufgaben. $1 \cdot 5 = \boxed{}$ $2 \cdot 5 = \boxed{}$ $5 \cdot 5 = \boxed{}$ $10 \cdot 5 = \boxed{}$

2 Rechne mit den Kernaufgaben und mit Verdoppeln.

a) Setze aus Kernaufgaben zusammen.

$2 \cdot 5 + 1 \cdot 5 = 3 \cdot 5$ $\boxed{} \cdot \boxed{} + \boxed{} \cdot \boxed{} = 6 \cdot 5$ $\boxed{} \cdot \boxed{} + \boxed{} \cdot \boxed{} = 7 \cdot 5$

$10 + 5 = \boxed{}$ $\boxed{} + \boxed{} = \boxed{}$ $\boxed{} + \boxed{} = \boxed{}$

b) Nutze Nachbaraufgaben.

$10 \cdot 5 - 1 \cdot 5 = 9 \cdot 5$ $\boxed{} \cdot \boxed{} - \boxed{} \cdot \boxed{} = 4 \cdot 5$

$50 - 5 = \boxed{}$ $\boxed{} - \boxed{} = \boxed{}$

c) Verdopple.

$2 \cdot 5 + 2 \cdot 5 = 4 \cdot 5$ $\boxed{} \cdot \boxed{} + \boxed{} \cdot \boxed{} = 8 \cdot 5$

$10 + 10 = \boxed{}$ $\boxed{} + \boxed{} = \boxed{}$

★ übersetzen Problemstellungen aus Punktebildern in die Sprache der Mathematik
★ erkennen die Kernaufgaben und leiten daraus die weiteren Aufgaben des kleinen Einmaleins mit 5 ab
★ nutzen Zahlbeziehungen und Rechengesetze für vorteilhaftes Rechnen   19

1 Schreibe das gesamte Einmaleins mit 5 auf.
Schreibe die Kernaufgaben rot.

Seite 20 Aufgabe 1

Einmaleins mit 5

$1 \cdot 5 = 5$

⋮

2 Löse die Aufgaben aus dem Einmaleins mit 5.

a) $5 \cdot 5 = \boxed{25}$

$4 \cdot 5 = \boxed{}$

$1 \cdot 5 = \boxed{}$

$3 \cdot 5 = \boxed{}$

$2 \cdot 5 = \boxed{}$

b) $6 \cdot 5 = \boxed{}$

$7 \cdot 5 = \boxed{}$

$10 \cdot 5 = \boxed{}$

$9 \cdot 5 = \boxed{}$

$8 \cdot 5 = \boxed{}$

c) $50 = \boxed{} \cdot 5$

$25 = \boxed{} \cdot 5$

$5 = \boxed{} \cdot 5$

$40 = \boxed{} \cdot 5$

$30 = \boxed{} \cdot 5$

d) $20 = \boxed{} \cdot 5$

$0 = \boxed{} \cdot 5$

$15 = \boxed{} \cdot 5$

$45 = \boxed{} \cdot 5$

$10 = \boxed{} \cdot 5$

e) $\boxed{} = 7 \cdot 5$

$\boxed{} = 3 \cdot 5$

$\boxed{} = 10 \cdot 5$

$\boxed{} = 6 \cdot 5$

$\boxed{} = 4 \cdot 5$

f) $\boxed{} = 0 \cdot 5$

$\boxed{} = 5 \cdot 5$

$\boxed{} = 8 \cdot 5$

$\boxed{} = 9 \cdot 5$

$\boxed{} = 2 \cdot 5$

3 Fülle die Tabelle aus.

Hände	5	7			1	3			8	10
Finger	25		10	30			20	45		

4 Suche dir ein anderes Kind. Übt gemeinsam die Aufgaben aus dem Einmaleins mit 5. Übt auch die Aufgaben aus dem Einmaleins mit 1 und 10.

3 · 5

15

3·5

1·5 2·5 4·5 5·5 8·5 1·1

6·5 7·5 9·5

10·5 1·10 10

★ lösen Aufgaben des kleinen Einmaleins mit 5
★ übertragen eine Darstellung in eine andere
★ üben gemeinsam und kontrollieren gegenseitig ihre Lösungen

1 Trage die fehlenden Zahlen ein.

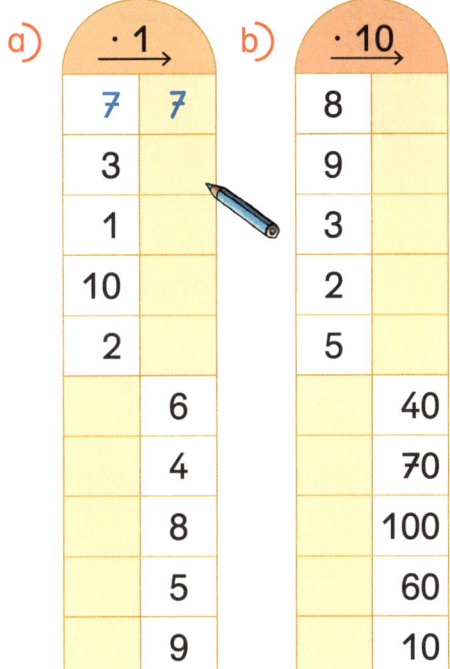 

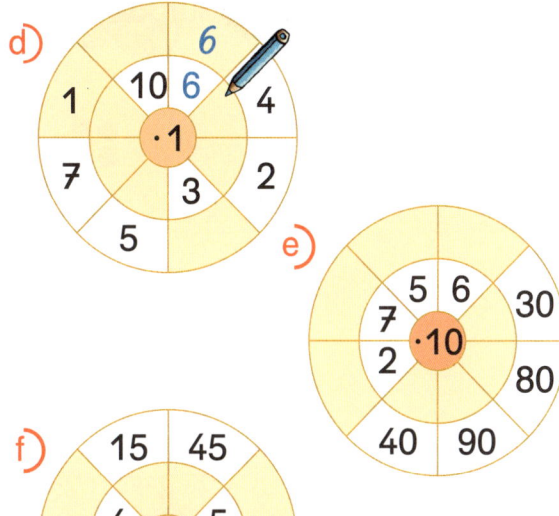

2 Verbinde die Zahlen so, dass Malaufgaben entstehen.
Schreibe die Aufgaben auf.

a)

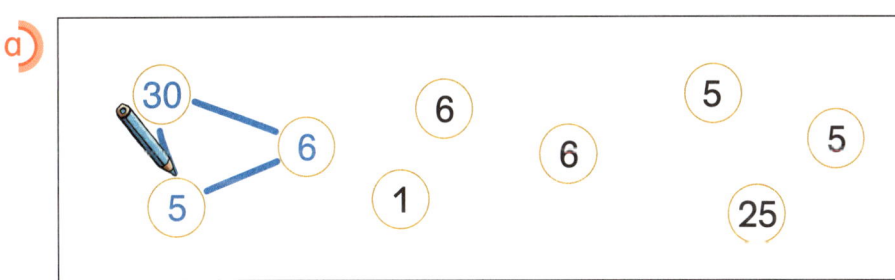 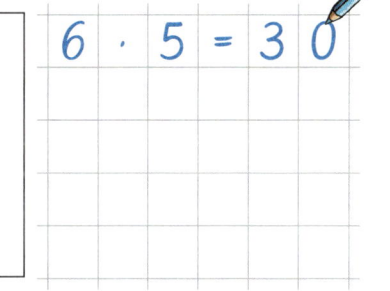

$6 \cdot 5 = 30$

b)

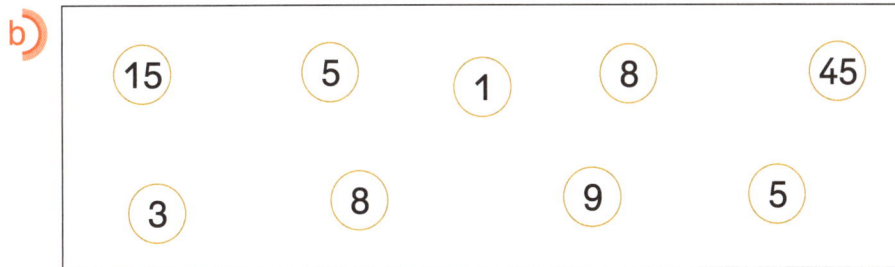

c)

Das sind 6 Kirschen.

$3 \cdot 2 = 6$

$1 \cdot 2 = \blacksquare$ $2 \cdot 2 = \blacksquare$

$2 \cdot 2 + 1 \cdot 2 = 3 \cdot 2$ $2 \cdot 2 + 2 \cdot 2 = 4 \cdot 2$ $5 \cdot 2 = \blacksquare$ $5 \cdot 2 + 1 \cdot 2 = 6 \cdot 2$

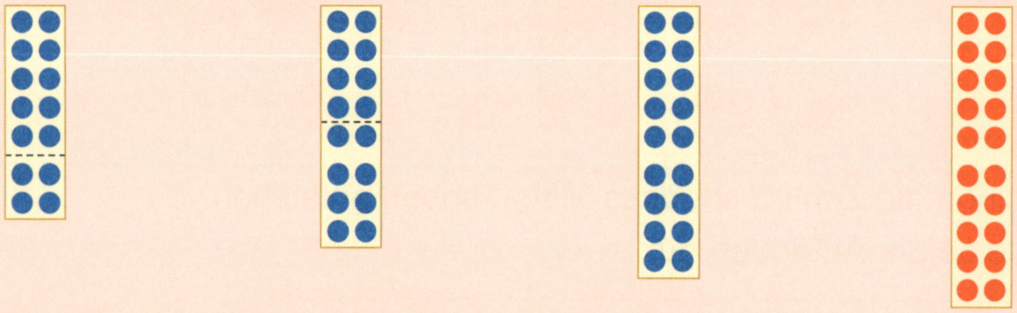

$5 \cdot 2 + 2 \cdot 2 = 7 \cdot 2$ $4 \cdot 2 + 4 \cdot 2 = 8 \cdot 2$ $10 \cdot 2 - 1 \cdot 2 = 9 \cdot 2$ $10 \cdot 2 = \blacksquare$

1 Löse die Kernaufgaben.

$1 \cdot 2 = \boxed{}$ $2 \cdot 2 = \boxed{}$ $5 \cdot 2 = \boxed{}$ $10 \cdot 2 = \boxed{}$

2 Rechne mit den Kernaufgaben und mit Verdoppeln.

a) Setze aus Kernaufgaben zusammen.

$\boxed{2} \cdot \boxed{2} + \boxed{1} \cdot \boxed{2} = 3 \cdot 2$ $\boxed{} \cdot \boxed{} + \boxed{} \cdot \boxed{} = 6 \cdot 2$ $\boxed{} \cdot \boxed{} + \boxed{} \cdot \boxed{} = 7 \cdot 2$

$\boxed{4} + \boxed{2} = \boxed{}$ $\boxed{} + \boxed{} = \boxed{}$ $\boxed{} + \boxed{} = \boxed{}$

b) Nutze Nachbaraufgaben.

$\boxed{10} \cdot \boxed{2} - \boxed{1} \cdot \boxed{2} = 9 \cdot 2$ $\boxed{} \cdot \boxed{} - \boxed{} \cdot \boxed{} = 4 \cdot 2$

$\boxed{} - \boxed{} = \boxed{}$ $\boxed{} - \boxed{} = \boxed{}$

c) Verdopple.

$\boxed{2} \cdot \boxed{2} + \boxed{2} \cdot \boxed{2} = 4 \cdot 2$ $\boxed{} \cdot \boxed{} + \boxed{} \cdot \boxed{} = 8 \cdot 2$

$\boxed{} + \boxed{} = \boxed{}$ $\boxed{} + \boxed{} = \boxed{}$

★ übersetzen Problemstellungen aus Punktebildern in die Sprache der Mathematik
★ erkennen die Kernaufgaben und leiten daraus die weiteren Aufgaben des kleinen Einmaleins mit 2 ab
★ nutzen Zahlbeziehungen und Rechengesetze für vorteilhaftes Rechnen

1 Schreibe das gesamte Einmaleins mit 2 auf.
Schreibe die Kernaufgaben rot.

Seite 23 Aufgabe 1

Einmaleins mit 2

1 · 2 = 2

⋮

2 Löse die Aufgaben aus dem Einmaleins mit 2.

a) $5 \cdot 2 = \boxed{10}$

$4 \cdot 2 = \boxed{}$

$0 \cdot 2 = \boxed{}$

$3 \cdot 2 = \boxed{}$

$2 \cdot 2 = \boxed{}$

b) $6 \cdot 2 = \boxed{}$

$7 \cdot 2 = \boxed{}$

$10 \cdot 2 = \boxed{}$

$9 \cdot 2 = \boxed{}$

$8 \cdot 2 = \boxed{}$

c) $10 = \boxed{} \cdot 2$

$16 = \boxed{} \cdot 2$

$2 = \boxed{} \cdot 2$

$20 = \boxed{} \cdot 2$

$12 = \boxed{} \cdot 2$

d) $14 = \boxed{} \cdot 2$

$0 = \boxed{} \cdot 2$

$4 = \boxed{} \cdot 2$

$18 = \boxed{} \cdot 2$

$8 = \boxed{} \cdot 2$

e) $\boxed{} = 7 \cdot 2$

$\boxed{} = 5 \cdot 2$

$\boxed{} = 10 \cdot 2$

$\boxed{} = 6 \cdot 2$

$\boxed{} = 2 \cdot 2$

f) $\boxed{} = 1 \cdot 2$

$\boxed{} = 3 \cdot 2$

$\boxed{} = 8 \cdot 2$

$\boxed{} = 9 \cdot 2$

$\boxed{} = 4 \cdot 2$

3 Fülle die Tabelle aus.

Kinder	3	7			1	5		8		10
Schuhe	6		4	12			8		18	

4 Suche dir ein anderes Kind. Übt gemeinsam die Aufgaben aus dem Einmaleins mit 2.

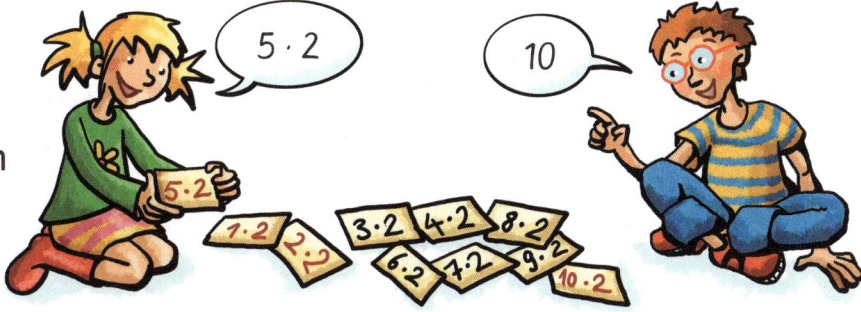

5 · 2

10

★ lösen Aufgaben des kleinen Einmaleins mit 2
★ übertragen eine Darstellung in eine andere
★ üben gemeinsam und kontrollieren gegenseitig ihre Lösungen

1 Löse die Aufgaben aus dem Einmaleins mit 1, 2, 5 und 10.
Trage die Ergebnisse in die farbigen Spalten der Einmaleinstafel ein.
Schreibe die Kernaufgaben rot.

·	1	2	3	4	5	6	7	8	9	10
1	1									
2										
3										
4										
5										
6										
7										
8										
9										
10										

Das Einmaleins mit 1, 2, 5 und 10 kann ich schon.

Viele neue Aufgaben kann ich mit den Tauschaufgaben lösen.

2 Löse auch die Tauschaufgaben zum Einmaleins mit 1, 2, 5 und 10.
Trage die Ergebnisse in die farbigen Zeilen der Einmaleinstafel ein.
Schreibe mit einem roten Stift.

3 Betrachte in der Einmaleinstafel das Einmaleins mit 1, 2, 5 und 10
und die Tauschaufgaben zum Einmaleins mit 1, 2, 5 und 10.
Sprich mit einem anderen Kind darüber, was dir auffällt.

4 Suche dir ein anderes Kind. Stellt euch gegenseitig Aufgaben
zum Einmaleins mit 1, 2, 5 und 10 und bildet die Tauschaufgaben.

5 · 7 = 35

7 · 5 = 35

★ denken über mathematische Beziehungen nach
★ erklären Beziehungen an Beispielen und vollziehen Begründungen anderer nach
★ entdecken, beschreiben und nutzen Operationseigenschaften (Tauschaufgabe)

24

→ Ü Seite 28

1 Finde zu den Rechengeschichten passende Aufgaben.

a) Tim kauft 5 CDs. $5 \cdot 1€ =$ 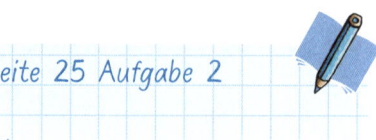 _____

b) Lena möchte gern 4 Bücher kaufen. _____

c) Janek verkauft 3 große Spiele. _____

d) Maja kauft 4 kleine Spiele. _____

2 Schreibe selbst Rechengeschichten.
Stelle sie einem anderen Kind vor,
das die Aufgaben dazu findet.

Seite 25 Aufgabe 2
...

3 Löse die Aufgaben. Besprich mit einem anderen Kind, was dir auffällt.

a) | ·1 | ·2 |

$3 \cdot 1 = 3$

$3 \cdot 2 = \boxed{}$

$\boxed{} \cdot 1 = 8$

$\boxed{} \cdot 2 = 16$

b) | ·1 | ·10 |

$\boxed{} \cdot 1 = 5$

$\boxed{} \cdot 10 = 50$

$3 \cdot 1 = \boxed{}$

$3 \cdot 10 = \boxed{}$

c) | ·5 | ·10 |

$5 \cdot 5 = \boxed{}$

$5 \cdot 10 = \boxed{}$

$\boxed{} \cdot 10 = 40$

$\boxed{} \cdot 5 = 40$

d) | 1· | 2· |

$1 \cdot 7 = \boxed{}$

$2 \cdot 7 = \boxed{}$

$2 \cdot \boxed{} = 6$

$1 \cdot \boxed{} = 6$

e) | 1· | 10· |

$1 \cdot 9 = \boxed{}$

$10 \cdot 9 = \boxed{}$

$10 \cdot \boxed{} = 50$

$1 \cdot \boxed{} = 5$

f) | 5· | 10· |

$10 \cdot 2 = \boxed{}$

$5 \cdot 4 = \boxed{}$

$5 \cdot \boxed{} = 25$

$10 \cdot \boxed{} = 50$

★ übertragen eine Darstellung in eine andere
★ übersetzen Problemstellungen aus Sachsituationen in die Sprache der Mathematik und lösen sie
★ entdecken und nutzen Beziehungen zwischen den Einmaleinsreihen

Alle zusammen haben 20 Beine.

$5 \cdot 4 = 20$

1 Löse die zu den Punktefeldern passenden Kernaufgaben.
Nutze Tauschaufgaben.

$1 \cdot 4 =$ 4

$2 \cdot 4 =$

$5 \cdot 4 =$

$10 \cdot 4 =$

2 Rechne mit den Kernaufgaben und mit Verdoppeln.

a) Setze aus Kernaufgaben zusammen.

$2 \cdot 4 + 1 \cdot 4 = 3 \cdot 4$ □ · □ + □ · □ = $6 \cdot 4$ □ · □ + □ · □ = $7 \cdot 4$

□ + □ = □    □ + □ = □   □ + □ = □

b) Nutze
Nachbaraufgaben.

$10 \cdot 4 - 1 \cdot 4 = 9 \cdot 4$ □ · □ − □ · □ = $4 \cdot 4$

□ − □ = □   □ − □ = □

c) Verdopple.

$4 \cdot 4 + 4 \cdot 4 = 8 \cdot 4$ □ · □ + □ · □ = $4 \cdot 4$

16 + 16 = 32    □ + □ = □

3 Schreibe das gesamte Einmaleins mit 4 auf.
Schreibe die Kernaufgaben rot.

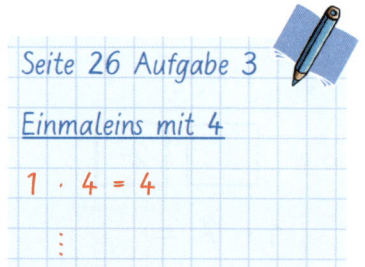

Seite 26 Aufgabe 3

Einmaleins mit 4

$1 \cdot 4 = 4$
⋮

| | +1 → | | | +1 → | | | | +1 → | | | |
| 95 | 26 | 38 | | 72 | 57 | 36 | 25 | | 82 | 43 | 51 | 95 | 37 |

★ übersetzen Problemstellungen aus Punktebildern in die Sprache der Mathematik
★ erkennen die Kernaufgaben und leiten daraus die weiteren Aufgaben des kleinen Einmaleins mit 4 ab
★ nutzen Zahlbeziehungen und Rechengesetze für vorteilhaftes Rechnen

1 Löse die Aufgaben aus dem Einmaleins mit 4.

a)
3 · 4 = 12
7 · 4 =
1 · 4 =
8 · 4 =
5 · 4 =
2 · 4 =
6 · 4 =

b)
12 = ☐ · 4
36 = ☐ · 4
24 = ☐ · 4
4 = ☐ · 4
20 = ☐ · 4
32 = ☐ · 4
8 = ☐ · 4

c)
☐ = 5 · 4
☐ = 0 · 4
☐ = 10 · 4
☐ = 3 · 4
☐ = 7 · 4
☐ = 4 · 4
☐ = 9 · 4

2 Fülle die Tabelle aus.

Kühe	4	5		10		8	2		9	
Beine	16		4		12			28		24

3 Fülle die Tabellen aus.
Besprich mit einem anderen Kind, was dir auffällt.

a)

·	2	4
1	2	4
2	4	8
3		
4		
5		
6		
7		
8		
9		
10		

b)

·	2	4
2	4	8
6		
3		
8		
4		
1		
7		
10		
5		
9		

★ lösen Aufgaben des kleinen Einmaleins mit 4
★ übertragen eine Darstellung in eine andere
★ entdecken und erklären Beziehungen und Gesetzmäßigkeiten und wenden diese an   27

Zusammen
32 Ruderer

$4 \cdot 8 = 32$

1 Löse die zu den Punktefeldern passenden Kernaufgaben.
Nutze Tauschaufgaben.

$1 \cdot 8 =$ | 8 $2 \cdot 8 =$ | _ $5 \cdot 8 =$ | _ $10 \cdot 8 =$ | _

2 Rechne mit Kernaufgaben, Tauschaufgaben und mit Verdoppeln.

a) Setze aus Kernaufgaben zusammen.

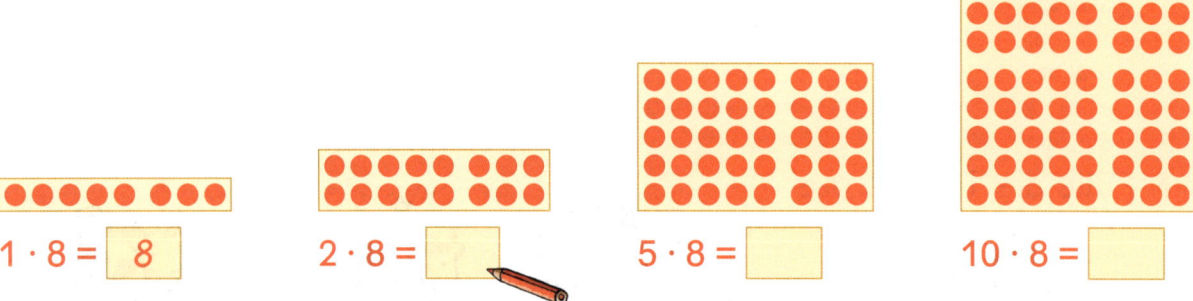

$2 \cdot 8 + 1 \cdot 8 = 3 \cdot 8$ $\Box \cdot \Box + \Box \cdot \Box = 6 \cdot 8$ $\Box \cdot \Box + \Box \cdot \Box = 7 \cdot 8$

$\Box + \Box = \Box$ $\Box + \Box = \Box$ $\Box + \Box = \Box$

b) Nutze Nachbaraufgaben.

$10 \cdot 8 - 1 \cdot 8 = 9 \cdot 8$

$\Box - \Box = \Box$

c) Nutze Tauschaufgaben.

$8 \cdot 4 = \Box$

$4 \cdot 8 = \Box$

d) Verdopple.

$4 \cdot 8 + 4 \cdot 8 = 8 \cdot 8$

$32 + 32 = 64$

3 Schreibe das gesamte Einmaleins mit 8 auf.
Schreibe die Kernaufgaben rot.

Seite 28 Aufgabe 3

Einmaleins mit 8

$1 \cdot 8 = 8$

⋮

* übersetzen Problemstellungen aus Punktebildern in die Sprache der Mathematik
* erkennen die Kernaufgaben und leiten daraus die weiteren Aufgaben des kleinen Einmaleins mit 8 ab
* nutzen Zahlbeziehungen und Rechengesetze für vorteilhaftes Rechnen

1 Löse die Aufgaben aus dem Einmaleins mit 8.

a) 6 · 8 = [48]
    5 · 8 = [   ]
    2 · 8 = [   ]
    7 · 8 = [   ]

b) 64 = [   ] · 8
    72 = [   ] · 8
    48 = [   ] · 8
    24 = [   ] · 8

c) [   ] = 1 · 8
    [   ] = 4 · 8
    [   ] = 8 · 8
    [   ] = 0 · 8

2 Fülle die Tabellen aus.
Besprich mit einem anderen Kind, was dir auffällt.

a)

·	4	8
1	4	8
2	8	16
3		
4		
5		
6		
7		
8		
9		
10		

b)

·	4	8
5	20	40
3		
6		
7		
1		
4		
10		
8		
2		
9		

3 Schreibe zu jeder Ergebniszahl Malaufgaben
mit · 2, · 4 oder · 8.

[8]   [40]   [24]   [36]   [6]   [16]   [20]

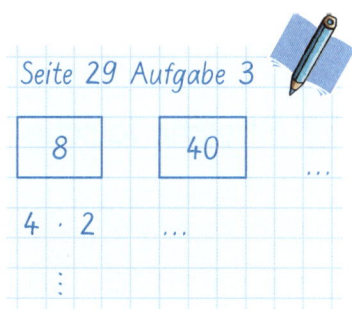

Seite 29 Aufgabe 3

[8]   [40]   ...

4 · 2   ...

4 Suche dir
ein anderes Kind.
Übt gemeinsam
die Aufgaben aus
dem Einmaleins
mit 4 und 8.

* lösen Aufgaben des kleinen Einmaleins mit 8
* nutzen Zahlbeziehungen und Rechengesetze für vorteilhaftes Rechnen
* entdecken und erklären Beziehungen zwischen den Einmaleinsreihen mit 2, 4 und 8

29

1 Trage die fehlenden Zahlen ein.

a)

· 2	
9	18
5	
1	
3	
7	

· 2	
	12
	4
	20
	8
	16

b)

· 4	
5	
7	
3	
1	
4	

· 4	
	24
	36
	40
	8
	32

c)

· 8	
2	
6	
4	
10	
8	

· 8	
	8
	56
	72
	24
	40

2 Trage die fehlenden Zahlen ein.

a)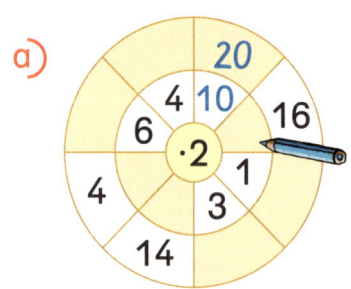
b)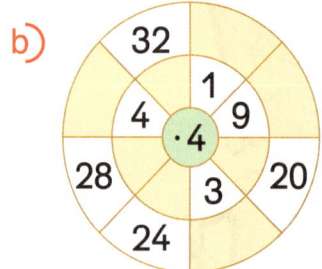
c)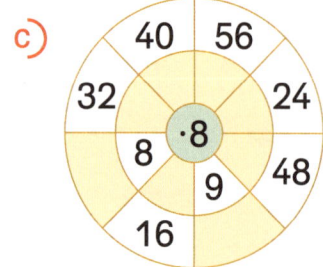

d)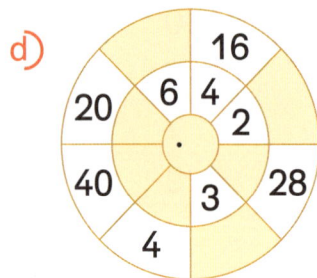
e)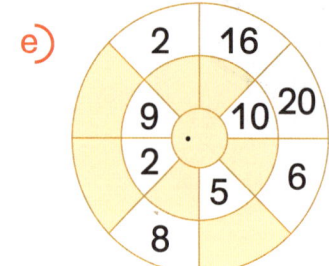
f)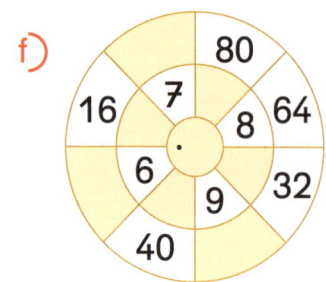

3 Streiche falsche Ergebnisse durch.

5 · 4 =	10	20	12
5 · 8 =	32	48	40
7 · 8 =	56	64	28
9 · 4 =	14	36	12
6 · 8 =	50	40	48
3 · 4 =	12	14	16
4 · 8 =	48	32	64
6 · 4 =	20	28	24

4 Male das richtige Ergebnis an.

9 · 8 =	72	74	71
2 · 4 =	6	8	12
2 · 8 =	8	16	24
8 · 4 =	36	28	32
3 · 8 =	26	20	24
10 · 4 =	50	40	60
8 · 8 =	60	64	68
7 · 4 =	28	25	23

1 Löse die zu den Punktefeldern passenden Kernaufgaben.
Nutze Tauschaufgaben.

$1 \cdot 3 =$ 3 $2 \cdot 3 =$ ☐ $5 \cdot 3 =$ ☐ $10 \cdot 3 =$ ☐

2 Rechne mit Kernaufgaben und Tauschaufgaben.

a) Setze aus Kernaufgaben zusammen.

$2 \cdot 3 + 1 \cdot 3 = 3 \cdot 3$ ☐ · ☐ + ☐ · ☐ $= 6 \cdot 3$ ☐ · ☐ + ☐ · ☐ $= 7 \cdot 3$

☐ + ☐ = ☐   ☐ + ☐ = ☐   ☐ + ☐ = ☐

b) Nutze Nachbaraufgaben.

$10 \cdot 3 - 1 \cdot 3 = 9 \cdot 3$

☐ − ☐ = ☐

c) Nutze Tauschaufgaben. $3 \cdot 4 =$ ☐   ☐ · ☐ = ☐

$4 \cdot 3 =$ ☐ $8 \cdot 3 =$ ☐

3 Schreibe das gesamte Einmaleins mit 3 auf.
Schreibe die Kernaufgaben rot.

Seite 31 Aufgabe 3

Einmaleins mit 3

$1 \cdot 3 = 3$

⋮

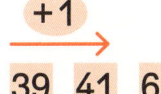

+1 →
39 41 65

+1 →
72 18 46 97

+1 →
32 48 54 63 99

★ übersetzen Problemstellungen aus Punktebildern in die Sprache der Mathematik
★ erkennen die Kernaufgaben und leiten daraus die weiteren Aufgaben des kleinen Einmaleins mit 3 ab
★ nutzen Zahlbeziehungen und Rechengesetze für vorteilhaftes Rechnen

1 Berechne die Anzahl der Flügel und Windräder.

a) Berechne die Anzahl der Flügel.

$$3 \cdot 3 = 9$$

3 Windräder haben **9** Flügel.

5 Windräder haben ☐ Flügel.

7 Windräder haben ☐ Flügel.

☐ Windräder haben ☐ Flügel.

b)

Wind-räder	Flügel
1	3
2	
3	
4	
5	
6	
7	
8	
9	
10	

c) Berechne die Anzahl der Windräder.

$$2 \cdot 3 = 6$$

2 Windräder haben 6 Flügel.

☐ Windräder haben 18 Flügel.

☐ Windräder haben 30 Flügel.

☐ Windräder haben ☐ Flügel.

2 Löse die Aufgaben aus dem Einmaleins mit 3.

a)
$5 \cdot 3 = $ **15**

$6 \cdot 3 = $ ☐

$2 \cdot 3 = $ ☐

$3 \cdot 3 = $ ☐

$4 \cdot 3 = $ ☐

$7 \cdot 3 = $ ☐

b)
$30 = $ ☐ $\cdot 3$

$3 = $ ☐ $\cdot 3$

$24 = $ ☐ $\cdot 3$

$27 = $ ☐ $\cdot 3$

$0 = $ ☐ $\cdot 3$

$15 = $ ☐ $\cdot 3$

c)
☐ $= 10 \cdot 3$

☐ $= 8 \cdot 3$

☐ $= 9 \cdot 3$

☐ $= 1 \cdot 3$

☐ $= 7 \cdot 3$

☐ $= 0 \cdot 3$

★ lösen Aufgaben des kleinen Einmaleins mit 3
★ übertragen eine Darstellung in eine andere
★ entdecken Beziehungen und Gesetzmäßigkeiten und wenden diese an

Einmaleins mit 6 erarbeiten

Zusammen 24 Beine

4 · 6 = 24

1 Löse die zu den Punktefeldern passenden Kernaufgaben.
Nutze Tauschaufgaben.

$1 · 6 = \boxed{6}$

$2 · 6 = \boxed{}$

$5 · 6 = \boxed{}$

$10 · 6 = \boxed{}$

2 Rechne mit Tauschaufgaben und Kernaufgaben.

a) Nutze Tauschaufgaben.

$\boxed{6} · \boxed{3} = \boxed{}$
$3 · 6 = \boxed{}$

$\boxed{} · \boxed{} = \boxed{}$
$4 · 6 = \boxed{}$

$\boxed{} · \boxed{} = \boxed{}$
$8 · 6 = \boxed{}$

b) Setze aus Kern-
aufgaben zusammen.

$\boxed{5} · \boxed{6} + \boxed{1} · \boxed{6} = 6 · 6$
$\boxed{} + \boxed{} = \boxed{}$

$\boxed{} · \boxed{} + \boxed{} · \boxed{} = 7 · 6$
$\boxed{} + \boxed{} = \boxed{}$

c) Nutze
Nachbaraufgaben.

$\boxed{10} · \boxed{6} − \boxed{1} · \boxed{6} = 9 · 6$
$\boxed{} − \boxed{} = \boxed{}$

3 Schreibe das gesamte Einmaleins mit 6 auf.
Schreibe die Kernaufgaben rot.

Seite 33 Aufgabe 3

Einmaleins mit 6

1 · 6 = 6
⋮

4 Suche dir ein anderes
Kind. Übt gemeinsam
die Aufgaben aus dem
Einmaleins mit 3 und 6.

4 · 6

24

⋆ übersetzen Problemstellungen aus Punktebildern in die Sprache der Mathematik
⋆ erkennen die Kernaufgaben und leiten daraus die weiteren Aufgaben des kleinen Einmaleins mit 6 ab
⋆ nutzen Zahlbeziehungen und Rechengesetze für vorteilhaftes Rechnen

Einmaleinsaufgaben mit 6 lösen

1 Bestimme, wie viele Beine die Käfer haben.

$1 \cdot 6 = 6$

1 Käfer: 6 Beine

5 Käfer: ☐ Beine

4 Käfer: ☐ Beine

3 Käfer: ☐ Beine

0 Käfer: ☐ Beine

9 Käfer: ☐ Beine

2 Löse die Aufgaben aus dem Einmaleins mit 6.

a)
$2 \cdot 6 = 12$
$5 \cdot 6 = $
$6 \cdot 6 = $
$0 \cdot 6 = $
$9 \cdot 6 = $
$7 \cdot 6 = $

b)
$54 = \boxed{} \cdot 6$
$18 = \boxed{} \cdot 6$
$48 = \boxed{} \cdot 6$
$30 = \boxed{} \cdot 6$
$60 = \boxed{} \cdot 6$
$36 = \boxed{} \cdot 6$

c)
$\boxed{} = 3 \cdot 6$
$\boxed{} = 8 \cdot 6$
$\boxed{} = 4 \cdot 6$
$\boxed{} = 1 \cdot 6$
$\boxed{} = 7 \cdot 6$
$\boxed{} = 6 \cdot 6$

3 Fülle die Tabellen aus. Besprich mit einem anderen Kind, was dir auffällt.

a)

·	3	6
1	3	6
2	6	12
3		
4		
5		
6		
7		
8		
9		
10		

b)

·	3	6
3	9	18
1		
6		
10		
8		
2		
4		
9		
7		
5		

★ lösen Aufgaben des kleinen Einmaleins mit 6
★ übertragen eine Darstellung in eine andere
★ entdecken und erklären Beziehungen zwischen den Einmaleinsreihen mit 3 und 6

1 Löse die zu den Punktefeldern passenden Kernaufgaben.
Nutze Tauschaufgaben.

$1 \cdot 9 = \boxed{9}$ $\qquad$ $2 \cdot 9 = \boxed{}$  $\qquad$ $5 \cdot 9 = \boxed{}$ $\qquad$ $10 \cdot 9 = \boxed{}$

2 Rechne mit Tauschaufgaben und Kernaufgaben.

a) Nutze Tauschaufgaben.

$9 \cdot 3 = \boxed{}$ $\qquad$ $\boxed{} \cdot \boxed{} = \boxed{}$ $\qquad$ $\boxed{} \cdot \boxed{} = \boxed{}$ $\qquad$ $\boxed{} \cdot \boxed{} = \boxed{}$

$3 \cdot 9 = \boxed{}$ $\qquad$ $4 \cdot 9 = \boxed{}$ $\qquad$ $6 \cdot 9 = \boxed{}$ $\qquad$ $8 \cdot 9 = \boxed{}$

b) Setze aus Kernaufgaben zusammen.

$\boxed{5} \cdot \boxed{9} + \boxed{2} \cdot \boxed{9} = 7 \cdot 9$

$\boxed{45} + \boxed{18} = \boxed{63}$

c) Nutze Nachbaraufgaben.

$\boxed{10} \cdot \boxed{9} - \boxed{1} \cdot \boxed{9} = 9 \cdot 9$

$\boxed{} - \boxed{} = \boxed{}$

3 Schreibe das gesamte Einmaleins mit 9 auf.
Schreibe die Kernaufgaben rot.

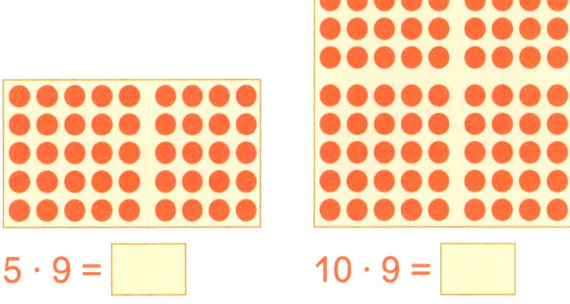

Seite 35 Aufgabe 3

Einmaleins mit 9

$1 \cdot 9 = 9$

⋮

★ übersetzen Problemstellungen aus Punktebildern in die Sprache der Mathematik
★ erkennen die Kernaufgaben und leiten daraus die weiteren Aufgaben des kleinen Einmaleins mit 9 ab
★ nutzen Zahlbeziehungen und Rechengesetze für vorteilhaftes Rechnen

1 Löse die Aufgaben aus dem Einmaleins mit 9.

a) $1 \cdot 9 = \boxed{9}$

$4 \cdot 9 = \boxed{}$

$7 \cdot 9 = \boxed{}$

b) $27 = \boxed{} \cdot 9$

$72 = \boxed{} \cdot 9$

$54 = \boxed{} \cdot 9$

c) $\boxed{} = 2 \cdot 9$

$\boxed{} = 5 \cdot 9$

$\boxed{} = 9 \cdot 9$

2 Schreibe zu jeder Ergebniszahl Malaufgaben mit ·3, ·6 oder ·9.

6   27   15   24

36   9   18   30

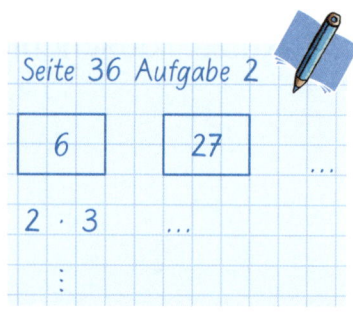

Seite 36 Aufgabe 2

6	27

$2 \cdot 3$ ...

3 Suche dir ein anderes Kind. Übt gemeinsam die Aufgaben aus dem Einmaleins mit 9.

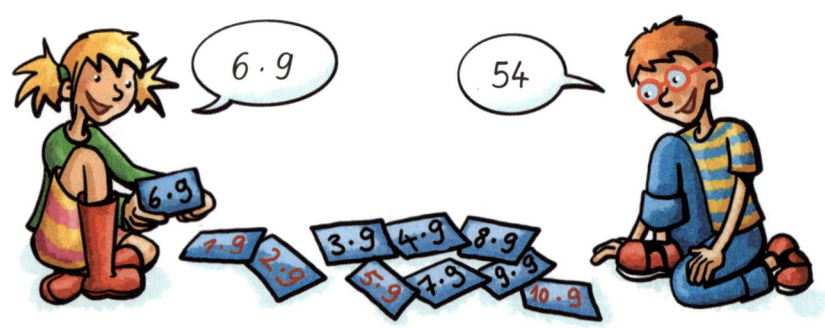

6 · 9   54

4 Ergänze die Malaufgaben zu den vorgegebenen Ergebniszahlen.

a) **18**

$\boxed{9} \cdot 2 = 18$

$\boxed{} \cdot 3 = 18$

$\boxed{} \cdot 6 = 18$

$\boxed{} \cdot 9 = 18$

b) **12**

$\boxed{} \cdot 2 = 12$

$\boxed{} \cdot 3 = 12$

$\boxed{} \cdot 4 = 12$

$\boxed{} \cdot 6 = 12$

c) **24**

$\boxed{} \cdot 3 = 24$

$\boxed{} \cdot 4 = 24$

$\boxed{} \cdot 6 = 24$

$\boxed{} \cdot 8 = 24$

Verschiedene Aufgaben – das gleiche Ergebnis

d) **30**

$\boxed{} \cdot 10 = 30$

$\boxed{} \cdot 6 = 30$

$\boxed{} \cdot 5 = 30$

$\boxed{} \cdot 3 = 30$

e) **40**

$\boxed{} \cdot 10 = 40$

$\boxed{} \cdot 8 = 40$

$\boxed{} \cdot 5 = 40$

$\boxed{} \cdot 4 = 40$

f) **36**

$\boxed{} \cdot 4 = 36$

$\boxed{} \cdot 6 = 36$

$\boxed{} \cdot 9 = 36$

★ lösen Aufgaben des kleinen Einmaleins mit 9
★ nutzen Zahlbeziehungen und Rechengesetze für vorteilhaftes Rechnen
★ entdecken Beziehungen zwischen den Einmaleinsreihen mit 3, 6 und 9

1 Trage die fehlenden Zahlen ein.
Besprich mit einem anderen Kind, was dir bei d) auffällt.

Mir fällt etwas auf!

a) **· 3**

5	15
7	
3	
1	
4	
	18
	24
	6
	30
	27

b) **· 6**

5	
4	
	54
	36
8	
	18
10	
	6
	42
2	

c) **· 9**

5	
2	
10	
	27
	36
	72
6	
	9
7	
	81

d)

·	3	6	9
3	9	18	27
6			
		12	
			45
		6	
9			
	24		
		24	
			90
7			

2 Trage die fehlenden Zahlen ein.

a)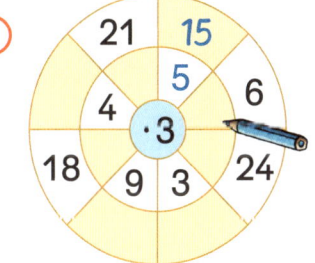

b)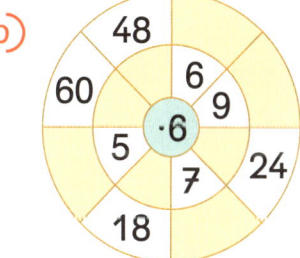

c)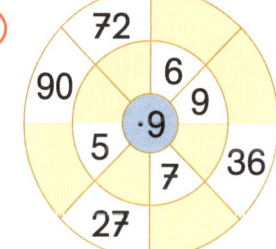

3 Verbinde die Zahlen so, dass Malaufgaben entstehen.
Schreibe die Aufgaben auf.

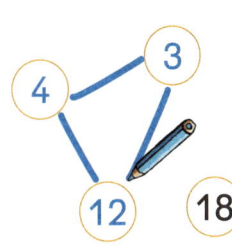

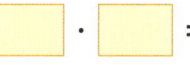

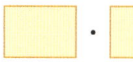

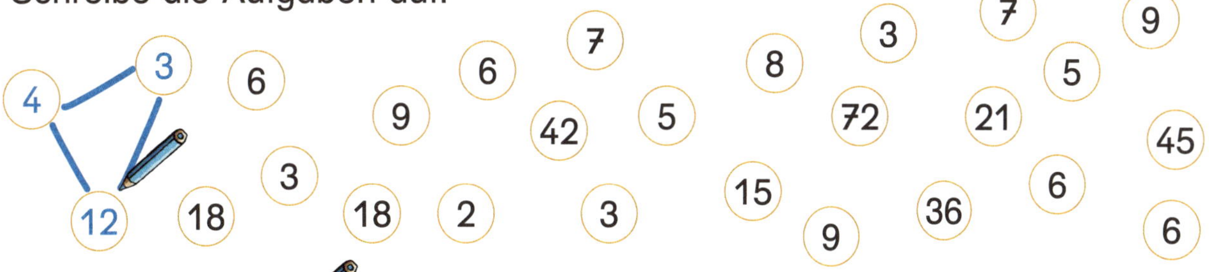

4 · 3 = 12

☐ · ☐ = ☐   ☐ · ☐ = ☐   ☐ · ☐ = ☐

☐ · ☐ = ☐   ☐ · ☐ = ☐   ☐ · ☐ = ☐

☐ · ☐ = ☐   ☐ · ☐ = ☐   ☐ · ☐ = ☐

→ Ü Seite 30

★ lösen Aufgaben des kleinen Einmaleins mit 3, 6 und 9
★ übertragen eine Darstellung in eine andere
★ entdecken und erklären Beziehungen zwischen den Einmaleinsreihen mit 3, 6 und 9

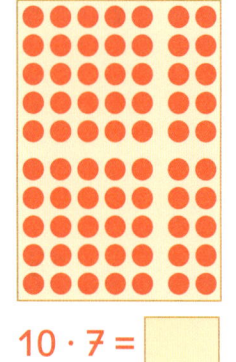

Das sind zusammen 21 Zwerge.

$3 \cdot 7 = 21$

1 Löse die zu den Punktefeldern passenden Kernaufgaben.
Nutze Tauschaufgaben.

$1 \cdot 7 =$ [7]

$2 \cdot 7 =$ [ ]

$5 \cdot 7 =$ [ ]

$10 \cdot 7 =$ [ ]

2 Rechne mit Tauschaufgaben und Kernaufgaben.

a) Nutze Tauschaufgaben.

$7 \cdot 3 =$ [ ]   [ ] $\cdot$ [ ] $=$ [ ]   [ ] $\cdot$ [ ] $=$ [ ]

$3 \cdot 7 =$ [ ] $4 \cdot 7 =$ [ ] $6 \cdot 7 =$ [ ]

[ ] $\cdot$ [ ] $=$ [ ]   [ ] $\cdot$ [ ] $=$ [ ]

$8 \cdot 7 =$ [ ] $9 \cdot 7 =$ [ ]

b) Setze aus Kernaufgaben zusammen.

$5 \cdot 7 + 2 \cdot 7 = 7 \cdot 7$

$35 + 14 = 49$

3 Schreibe das gesamte Einmaleins mit 7 auf.
Schreibe die Kernaufgaben rot.

Seite 38 Aufgabe 3

Einmaleins mit 7

$1 \cdot 7 = 7$

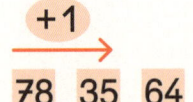

$\xrightarrow{+1}$
78 35 64

$\xrightarrow{+1}$
31 47 53 69

$\xrightarrow{+1}$
81 75 62 38 16

★ übersetzen Problemstellungen aus Punktebildern in die Sprache der Mathematik
★ erkennen die Kernaufgaben und leiten daraus die weiteren Aufgaben des kleinen Einmaleins mit 7 ab
★ nutzen Zahlbeziehungen und Rechengesetze für vorteilhaftes Rechnen

1 Löse die Aufgaben aus dem Einmaleins mit 7.

a) $3 \cdot 7 =$ 21

$5 \cdot 7 =$ [ ]

$0 \cdot 7 =$ [ ]

$6 \cdot 7 =$ [ ]

b) $7 =$ [ ] $\cdot 7$

$49 =$ [ ] $\cdot 7$

$63 =$ [ ] $\cdot 7$

$70 =$ [ ] $\cdot 7$

c) [ ] $= 9 \cdot 7$

[ ] $= 2 \cdot 7$

[ ] $= 4 \cdot 7$

[ ] $= 8 \cdot 7$

2 Berechne die Anzahl der Fenster und Stockwerke.

a) Berechne die Anzahl der Fenster.

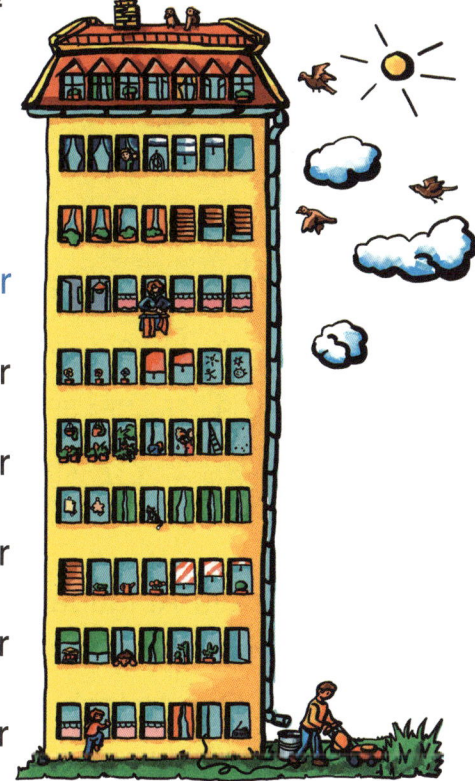

In 2 Stockwerken: $2 \cdot 7 = 14$ | 14 | Fenster

In 8 Stockwerken: [ ] Fenster

In 5 Stockwerken: [ ] Fenster

In 9 Stockwerken: [ ] Fenster

In 4 Stockwerken: [ ] Fenster

In 7 Stockwerken: [ ] Fenster

b) Fülle die Tabelle aus.

Stockwerke	3		4		1		8		5	
Fenster	21	14		42		49		63		70

3 Trage die fehlenden Zahlen ein.

a)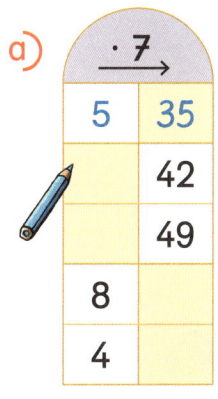

$\cdot 7 \rightarrow$	
5	35
	42
	49
8	
4	

b)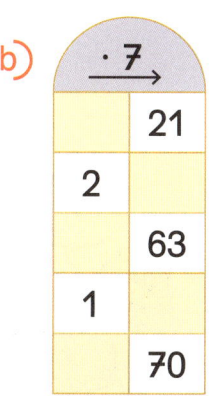

$\cdot 7 \rightarrow$	
	21
2	
	63
1	
	70

c)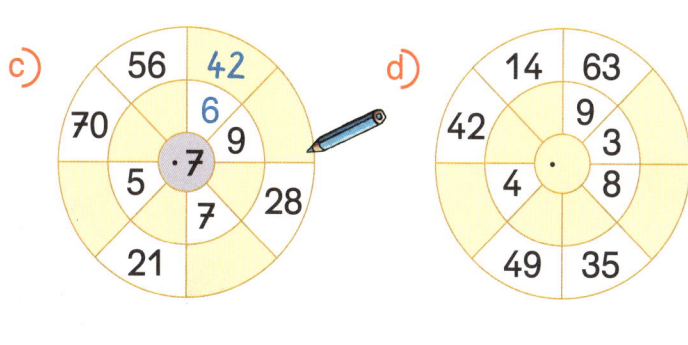

d)

★ lösen Aufgaben des kleinen Einmaleins mit 7
★ übertragen eine Darstellung in eine andere
★ entdecken und erklären Beziehungen und Gesetzmäßigkeiten und wenden diese an

1 Bestimme die Ergebnisse,
die hinter den Bildern versteckt sind.

> Die Zahlen in den lila Feldern heißen Quadratzahlen.

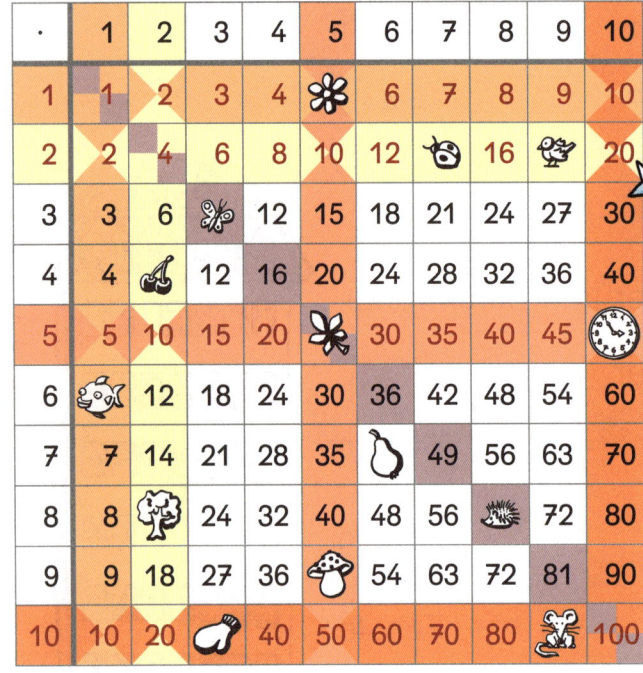

2 Lies die Aufgaben in der Einmaleinstafel ab, die zu den Quadratzahlen gehören. Schreibe sie auf. Zeichne immer ein passendes Bild dazu.

> Seite 40 Aufgabe 2
>
> $1 \cdot 1 = 1$ $2 \cdot 2 = 4$ $3 \cdot 3 = 9$ ...

3 Rechne mit den Quadratzahlen. Schreibe zu jeder Aufgabe die beiden Nachbaraufgaben mit Lösungen auf.

a) $6 \cdot 6 = $ ▨   b) $5 \cdot 5 = $ ▨   c) $8 \cdot 8 = $ ▨

d) $2 \cdot 2 = $ ▨   e) $7 \cdot 7 = $ ▨   f) ▨ $\cdot$ ▨ $= $ ▨

> Seite 40 Aufgabe 3
>
> a) $6 \cdot 6 + 1 \cdot 6 = 7 \cdot 6$ b) ...
>
> $36 + 6 = $ ...
>
> $6 \cdot 6 - 1 \cdot 6 = 5 \cdot 6$
>
> $36 - 6 = $ ...

4 Suche dir ein anderes Kind. Stellt euch gegenseitig Aufgaben zur Einmaleinstafel.

★ entdecken und beschreiben die Struktur einer Einmaleinstafel
★ erklären Beziehungen an Beispielen und vollziehen Begründungen anderer nach
★ stellen die Quadratzahlen in einem anderen Anschauungsmodell dar

Malaufgaben mit dem eigenen Rechenweg lösen

 1 Wie rechnest du die Aufgabe 8 · 6?
Vergleiche mit anderen Kindern.

2 Rechne mit den Kernaufgaben.

a) 9 · 7 = ⬛   b) 6 · 4 = ⬛

c) 3 · 8 = ⬛   d) 4 · 9 = ⬛

e) 7 · 6 = ⬛   f) 8 · 3 = ⬛

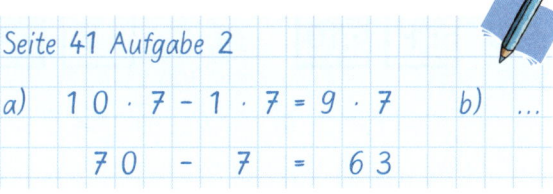

3 Rechne mit Nachbaraufgaben wie Einstern.

a) 9 · 6 = ⬛   b) 9 · 4 = ⬛

c) 9 · 5 = ⬛   d) 9 · 7 = ⬛

e) 9 · 8 = ⬛   f) 9 · 3 = ⬛

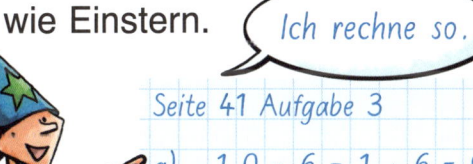

4 Rechne mit Verdoppeln.

a) 6 · 3 = ⬛   b) 4 · 7 = ⬛   c) 8 · 4 = ⬛

d) 6 · 5 = ⬛   e) 4 · 6 = ⬛   f) 8 · 3 = ⬛

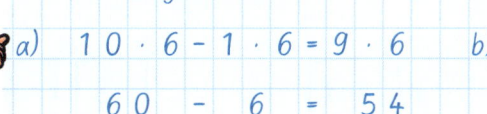

5 Rechne mit deinem Rechenweg.

a) 9 · 6 = ⬛   b) 6 · 7 = ⬛   c) 8 · 5 = ⬛

d) 4 · 8 = ⬛   e) 3 · 9 = ⬛   f) 7 · 3 = ⬛

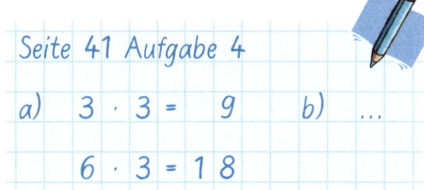

★ beschreiben Rechenwege für andere nachvollziehbar
und verwenden dabei geeignete Fachbegriffe
★ erläutern ihre Begründungen zusammen mit anderen

Einmaleinsaufgaben üben (1)

1 Rechne mit deinem Rechenweg.

a)
6 · 8 = □
5 · 3 = □
9 · 4 = □
7 · 5 = □
9 · 7 = □

b)
3 · 9 = □
2 · 0 = □
7 · 3 = □
8 · 9 = □
3 · 6 = □

c)
4 · 7 = □
5 · 2 = □
3 · 8 = □
8 · 6 = □
0 · 7 = □

d)
4 · 2 = □
6 · 6 = □
4 · 9 = □
7 · 6 = □
5 · 8 = □

e)
10 · 9 = □
2 · 8 = □
6 · 3 = □
8 · 2 = □
7 · 7 = □

f)
9 · 6 = □
7 · 8 = □
4 · 3 = □
9 · 8 = □
9 · 9 = □

 Seite 42 Aufgabe 1

a) ...

Ich weiß, wie ich viele Einmaleins-Aufgaben lösen kann.

2 Löse die Aufgaben.

a) **· 1** **· 10**

5 · 1 = 5
□ · 10 = 50
□ · 10 = 60
3 · 1 = □
3 · 10 = □

b) **· 2** **· 4**

3 · 2 = □
3 · 4 = □
□ · 2 = 18
□ · 2 = 0
7 · 4 = □

c) **· 4** **· 8**

□ · 8 = 32
□ · 4 = 32
2 · 8 = □
4 · 4 = □
□ · 8 = 64

d) **· 3** **· 6**

2 · 3 = □
2 · 6 = □
4 · 6 = □
□ · 6 = 48
□ · 3 = 24

e) **· 3** **· 9**

2 · 3 = □
2 · 9 = □
□ · 9 = 45
□ · 9 = 54
3 · 3 = □

f) **· 5** **· 10**

5 · 5 = □
5 · 10 = □
□ · 10 = 40
□ · 5 = 20
3 · 5 = □

g) **· 7**

3 · 7 = □
5 · 7 = □
□ · 7 = 56
□ · 7 = 14
□ · 7 = 42

−1 → 14 28 37

−1 → 30 72 85 51

−1 → 94 67 45 38 59

★ lösen Aufgaben des kleinen Einmaleins
★ nutzen Zahlbeziehungen und Rechengesetze für vorteilhaftes Rechnen
★ nutzen Beziehungen zwischen Einmaleinsreihen

→ Ü Seite 32

1 Suche dir ein anderes Kind. Löst gemeinsam Aufgaben aus dem Einmaleins.

2 Löse die Aufgaben.

a)
$7 \cdot 3 = 21$
$\boxed{} \cdot 2 = 16$
$\boxed{} \cdot 4 = 36$
$\boxed{} \cdot 6 = 30$
$\boxed{} \cdot 7 = 0$

b)
$\boxed{} \cdot 9 = 27$
$\boxed{} \cdot 7 = 42$
$\boxed{} \cdot 4 = 28$
$\boxed{} \cdot 6 = 0$
$\boxed{} \cdot 8 = 56$

c)
$\boxed{} \cdot 1 = 7$
$\boxed{} \cdot 5 = 45$
$\boxed{} \cdot 2 = 18$
$\boxed{} \cdot 8 = 32$
$\boxed{} \cdot 7 = 21$

3 Setze passend < , > oder = ein.

a)
$3 \cdot 5 \; > \; 12$
$6 \cdot 4 \; \bigcirc \; 25$
$9 \cdot 2 \; \bigcirc \; 20$
$7 \cdot 3 \; \bigcirc \; 21$
$7 \cdot 6 \; \bigcirc \; 50$
$8 \cdot 8 \; \bigcirc \; 60$

b)
$6 \cdot 4 \; \bigcirc \; 3 \cdot 8$
$2 \cdot 9 \; \bigcirc \; 7 \cdot 3$
$8 \cdot 3 \; \bigcirc \; 5 \cdot 4$
$3 \cdot 7 \; \bigcirc \; 4 \cdot 6$
$5 \cdot 9 \; \bigcirc \; 9 \cdot 6$
$2 \cdot 6 \; \bigcirc \; 3 \cdot 4$

c)
$2 \cdot 3 \; \bigcirc \; 8 \cdot 1$
$6 \cdot 4 \; \bigcirc \; 4 \cdot 7$
$4 \cdot 4 \; \bigcirc \; 8 \cdot 2$
$6 \cdot 7 \; \bigcirc \; 4 \cdot 5$
$8 \cdot 7 \; \bigcirc \; 5 \cdot 6$
$5 \cdot 5 \; \bigcirc \; 3 \cdot 7$

4 Suche dir Zahlen aus und finde möglichst viele Malaufgaben dazu. Du kannst dir auch eigene Zahlen überlegen. Zu welcher Zahl findest du die meisten Aufgaben?

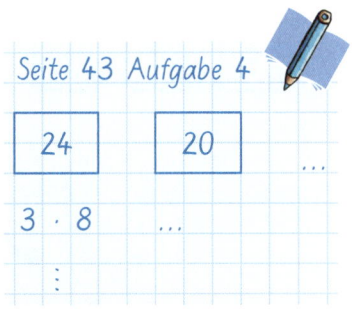

Seite 43 Aufgabe 4

24	20	...
3 · 8	...	

★ lösen Aufgaben des kleinen Einmaleins
★ stellen Vermutungen über mathematische Auffälligkeiten an, bestätigen oder widerlegen diese und erklären Beziehungen

43

1 Löse die Aufgaben.

a) $6 \cdot 8 = \boxed{48}$ b) $0 \cdot 8 = \Box$ c) $7 \cdot 6 = \Box$ d) $3 \cdot 8 = \Box$

$9 \cdot 2 = \Box$ $4 \cdot 2 = \Box$ $3 \cdot 5 = \Box$ $0 \cdot 5 = \Box$

$3 \cdot 10 = \Box$ $6 \cdot 4 = \Box$ $5 \cdot 4 = \Box$ $7 \cdot 3 = \Box$

$2 \cdot 6 = \Box$ $5 \cdot 10 = \Box$ $1 \cdot 2 = \Box$ $10 \cdot 5 = \Box$

2 Kontrolliere die Aufgaben.

Tipp: In jedem Päckchen sind zwei Aufgaben falsch.

a) $3 \cdot 6 = 18$ ✓   b) $4 \cdot 7 = 28$ ___   c) $2 \cdot 9 = 16$ ___   d) $8 \cdot 5 = 48$ ___

$6 \cdot 5 = \cancel{35}\ 30$ $6 \cdot 9 = 63$ ___ $4 \cdot 3 = 12$ ___ $7 \cdot 7 = 49$ ___

$8 \cdot 8 = 64$ ___ $9 \cdot 7 = 56$ ___ $7 \cdot 4 = 28$ ___ $4 \cdot 9 = 45$ ___

$9 \cdot 3 = 24$ ___ $4 \cdot 8 = 32$ ___ $8 \cdot 9 = 81$ ___ $8 \cdot 4 = 32$ ___

3 Fülle die Rechentabellen aus.

a)

·	3	7	9	2	5
5	15				
3					
6					
9					

b)

·	4	6	1	8	10
2					
7					
8					
10					

4 Löse die Geheimschrift.

8	12	16	18	20	21	24	30	35	36	40	56	72
S	T	L	A	U	D	N	K	E	C	O	H	R

$7 \cdot 3$ $5 \cdot 4$ $6 \cdot 5$ $2 \cdot 9$ $8 \cdot 3$ $6 \cdot 4$ $4 \cdot 2$ $2 \cdot 6$
D   ___   ___   ___   ___   ___   ___   ___

$4 \cdot 3$ $8 \cdot 5$ $2 \cdot 8$ $4 \cdot 4$ $8 \cdot 9$ $5 \cdot 7$ $6 \cdot 6$ $7 \cdot 8$ $3 \cdot 8$ $7 \cdot 5$ $4 \cdot 6$
___   ___   ___   ___   ___   ___   ___   ___   ___   ___   ___ **!**

Geteiltaufgaben kennenlernen – Aufteilen

Es sind 20 Brezeln.
Immer 4 werden in eine Tüte verpackt.

20 : 4
20 geteilt durch 4

1 Teile auf. Zeichne und löse die Aufgaben.

a)
Es sind 30 Brezeln.
Immer 5 werden in eine Tüte verpackt.

30 : 5 = 6   Es sind 6 Tüten.

b)
Es sind 10 Laugenstangen.
Immer 2 werden in eine Tüte verpackt.

10 : 2 = ☐   Es sind ☐ Tüten.

c)
Es sind 18 Brötchen.
Immer 3 werden in eine Tüte verpackt.

18 : 3 = ☐   Es sind ☐ Tüten.

d)
Es sind 12 Hörnchen.
Immer 4 werden in eine Tüte verpackt.

12 : 4 = ☐   Es sind ☐ Tüten.

e)
Es sind 24 Törtchen.
Immer 6 werden in eine Tüte verpackt.

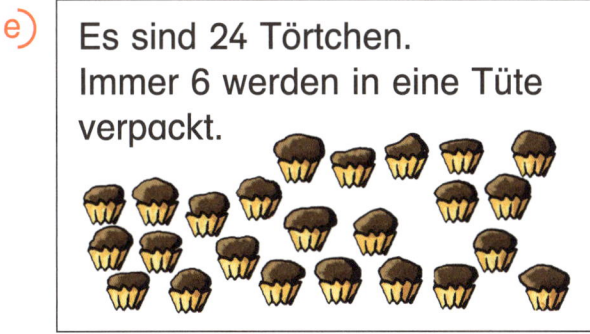

24 : 6 = ☐   Es sind ☐ Tüten.

f)
Es sind 21 Windbeutel.
Immer 7 werden in eine Tüte verpackt.

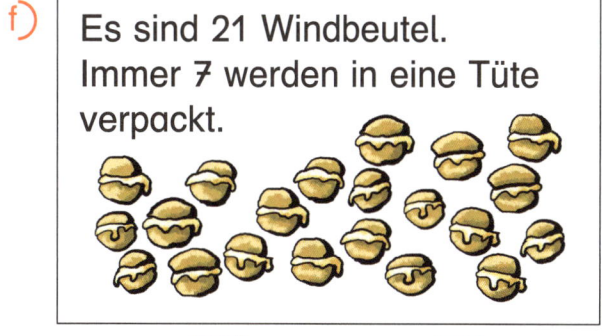

21 : 7 = ☐   Es sind ☐ Tüten.

2 Finde selbst ein Beispiel, bei dem etwas aufgeteilt wird. Schreibe, male und rechne.

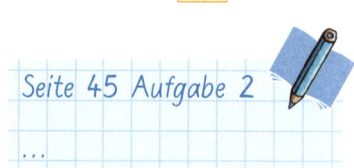

Seite 45 Aufgabe 2

...

★ übersetzen Problemstellungen aus Darstellungen der Lebenswirklichkeit in die Sprache der Mathematik
★ übertragen eine Darstellung in eine andere
★ ordnen Sachsituationen den Grundrechenarten zu

 1 Suche dir ein anderes Kind. Legt die Aufgaben mit Steckwürfeln.

12 : 4	15 : 3
25 : 5	18 : 6
32 : 8	14 : 2
24 : 4	28 : 7

12 geteilt durch 4

12 Steckwürfel, immer 4 in eine Tüte

2 Schreibe zu jedem Bild eine Geteiltaufgabe.

a)

$12 : 2 = 6$

b)

c)

d)
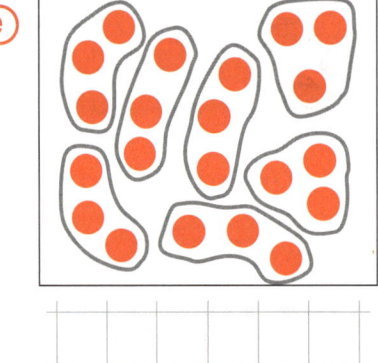

e)

f)

g)
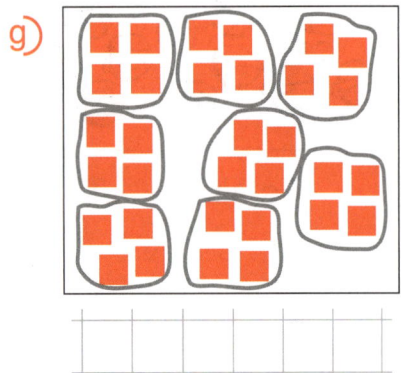

h)

i)
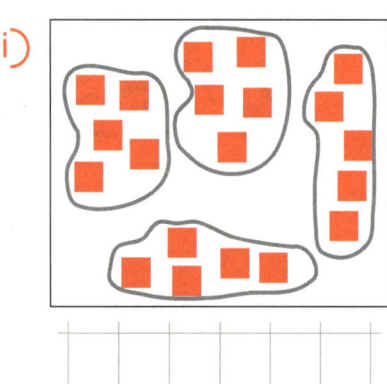

Zu Geteiltaufgaben Bilder zeichnen – Aufteilen

1 Zeichne passende Rechenbilder und löse die Aufgaben.

a)

15 : 3 = 5

b)

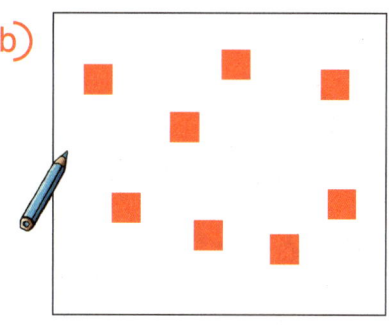

8 : 2 =

c)

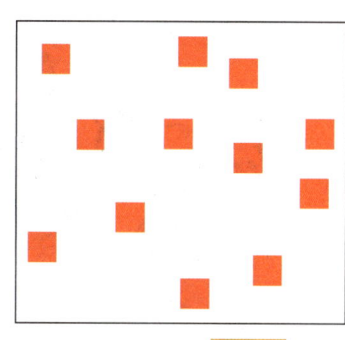

12 : 4 =

d)

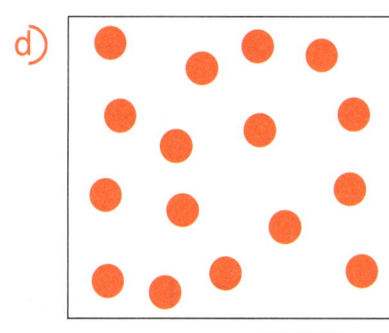

16 : 4 =

e)

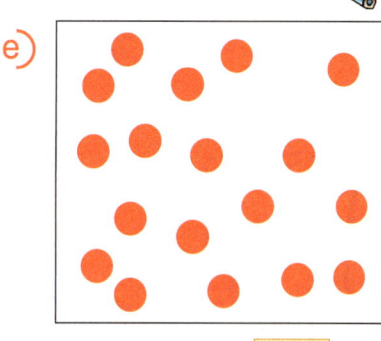

18 : 6 =

f)

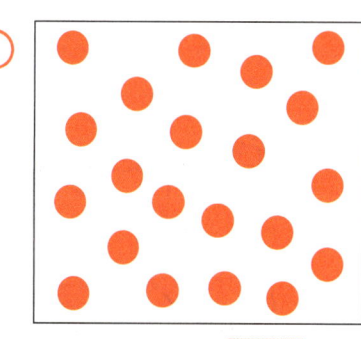

21 : 7 =

2 Zeichne selbst Bilder und löse die Aufgaben.

a)

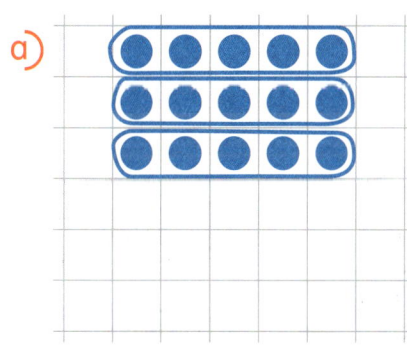

15 : 5 = 3

b)

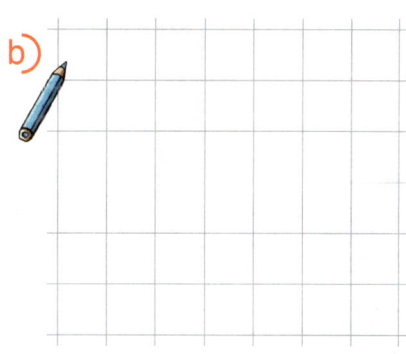

20 : 4 =

c)

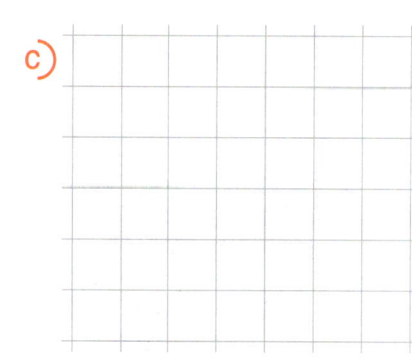

30 : 5 =

d)

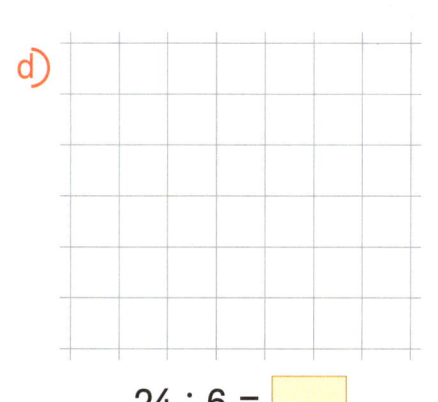

24 : 6 =

e)

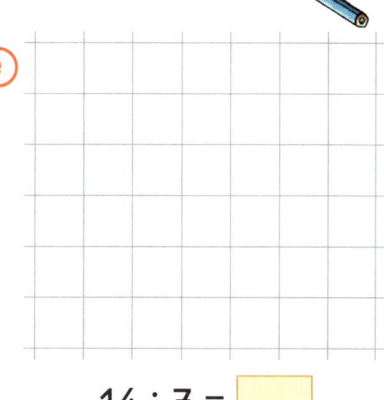

14 : 7 =

f)

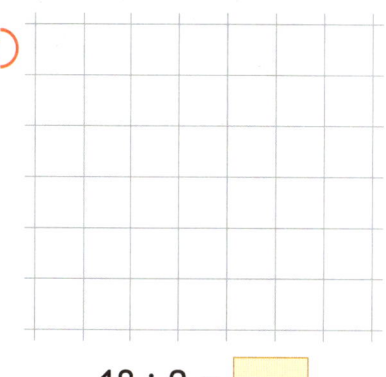

18 : 3 =

1 Verteile. Zeichne und löse die Aufgaben.

a)

12 Karten werden an 3 Kinder verteilt.

12 : 3 = 4

Jedes Kind erhält 4 Karten.

b)

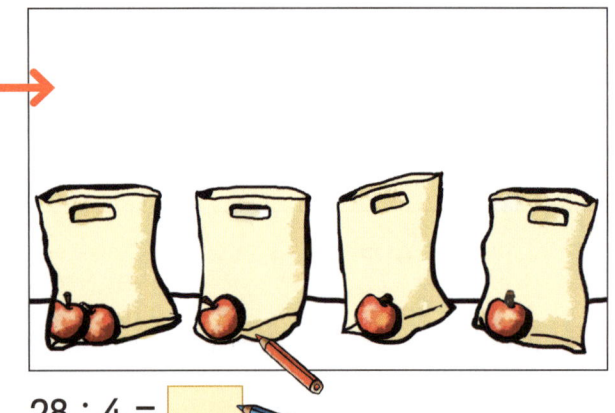

28 Äpfel werden auf 4 Tüten verteilt.

28 : 4 =

In jeder Tüte sind ☐ Äpfel.

c)

20 Kekse werden auf 5 Teller verteilt.

20 : 5 =

Auf jedem Teller sind ☐ Kekse.

2 Finde selbst ein Beispiel, bei dem etwas verteilt wird. Schreibe, male und rechne.

Seite 48 Aufgabe 2

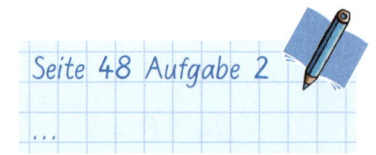

...

★ übersetzen Problemstellungen des Verteilens aus Sachsituationen in die Sprache der Mathematik
★ übertragen eine Darstellung in eine andere
★ ordnen Sachsituationen den Grundrechenarten zu

 1 Suche dir andere Kinder. Verteilt Karten an die Kinder.

12 Karten an 3 Kinder
12 : 3

20 Karten an 4 Kinder
20 : 4

18 Karten an 2 Kinder
18 : 2

Ich verteile 12 Karten an 3 Kinder.

Jeder bekommt 4 Karten.

2 Zeichne zu jedem Bild ein Punktebild und schreibe eine Geteiltaufgabe.

a)

18 : 3 = 6

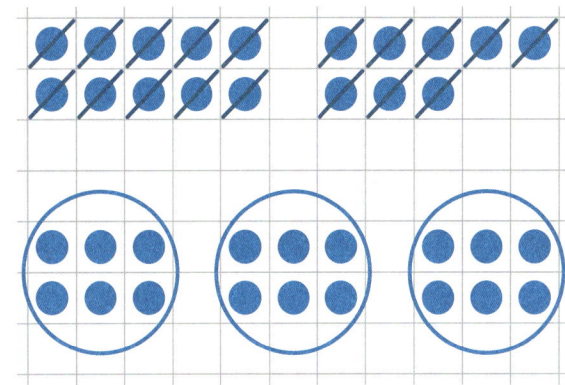

b)

20 : 5 =

c)

18 : 6 =

* übertragen eine Darstellung in eine andere und wechseln zwischen verschiedenen Darstellungsformen
* erklären Beziehungen und Gesetzmäßigkeiten an Beispielen und vollziehen Begründungen anderer nach
* ordnen Sachsituationen den Grundrechenarten zu

49

1 Zeichne passende Rechenbilder und löse die Aufgaben.

a)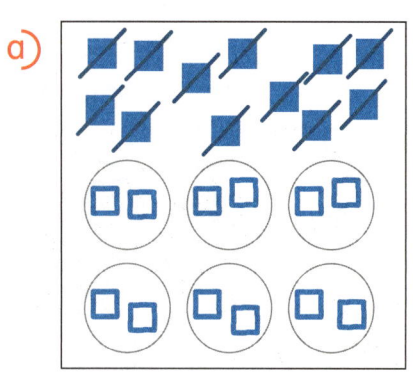

12 : 6 = 2

b)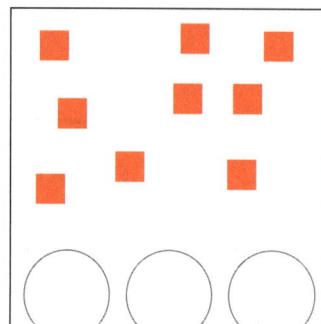

15 : 5 =

c)

9 : 3 =

d)

15 : 3 =

e)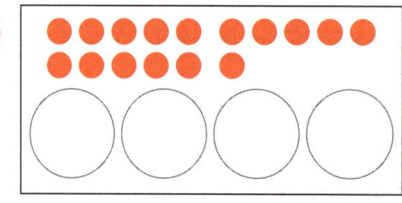

16 : 4 =

f)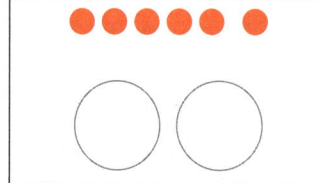

6 : 2 =

2 Zeichne selbst Bilder und löse die Aufgaben.

a)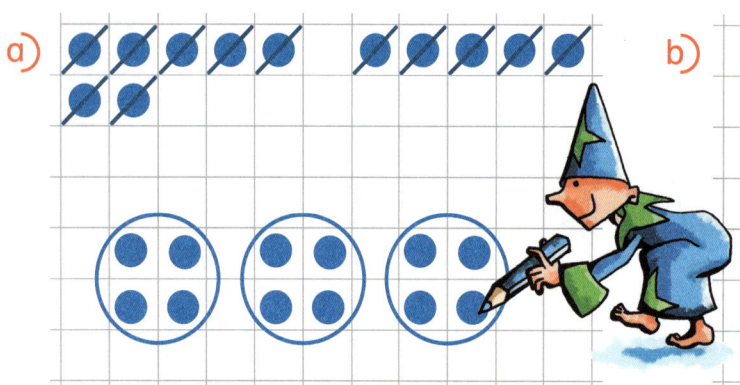

12 : 3 =

b)

18 : 6 =

c)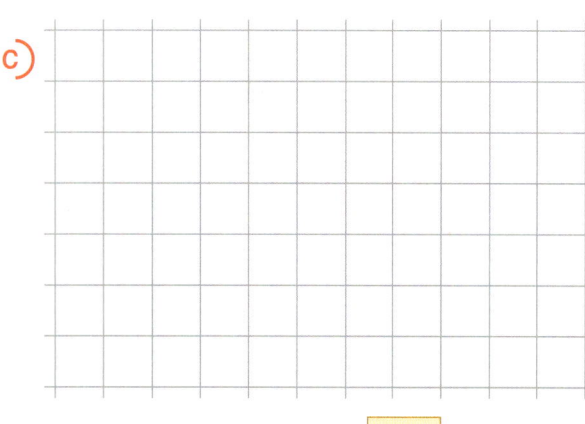

12 : 2 =

d)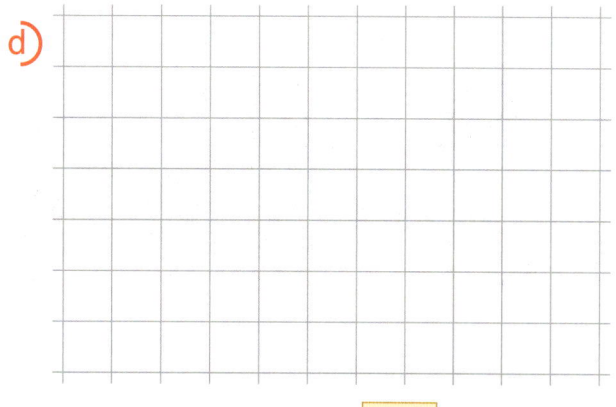

20 : 5 =

50   ★ übertragen eine Darstellung in eine andere und wechseln
zwischen verschiedenen Darstellungsformen

1 Verteile 15 Karten
gleichmäßig an 3 Kinder.

a) Zeichne hier, wie die Karten nach
dem Verteilen auf dem Tisch liegen.

b) Wie viele Karten
bekommt jedes Kind?
Schreibe die passende Geteiltaufgabe auf. _____

2 Baue aus 30 Steckwürfeln 6 Türme.
Die Türme sollen alle gleich
hoch sein.

a) Zeichne die Türme hier auf.

b) Aus wie vielen Steckwürfeln
besteht jeder Turm?
Schreibe die passende Geteiltaufgabe auf. _____

3 Baue aus 18 Steckwürfeln eine Mauer.
Die Mauer besteht aus 3 Reihen.

a) Zeichne die Mauer hier auf.

b) Aus wie vielen Würfeln
besteht jede Reihe?
Schreibe die passende Geteiltaufgabe auf. _____

4 Verteile 20 1-Euro-Münzen
an 4 Kinder.

a) Zeichne, wie die Münzen nach
dem Verteilen auf dem Tisch liegen.

b) Wie viele 1-Euro-Münzen
bekommt jedes Kind?
Schreibe die passende Geteiltaufgabe auf. _____

★ übersetzen Problemstellungen des Verteilens aus
Sachsituationen in die Sprache der Mathematik
★ übertragen eine Darstellung in eine andere

1 Schreibe zu jedem Bild eine Geteiltaufgabe und eine Malaufgabe.

a)

$4 \cdot 5 = 20$ ist die Umkehraufgabe von $20 : 5 = 4$.

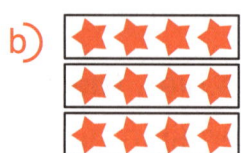

$$20 : 5 = 4$$
$$4 \cdot 5 = 20$$

b)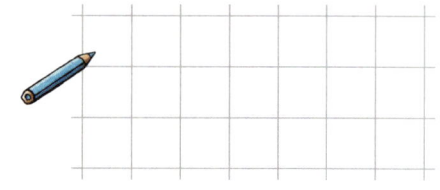

c)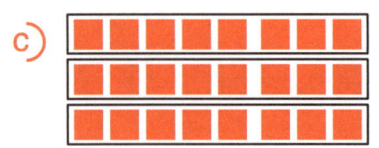

d)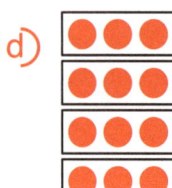

e)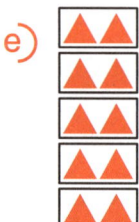

f)

g)

h)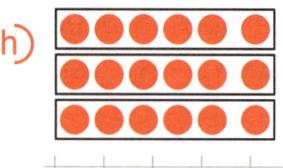

2 Finde zu jeder Geteiltaufgabe die passende Malaufgabe.
Rechne beide Aufgaben aus.

a) $20 : 4 = \boxed{5}$
$\boxed{5} \cdot \boxed{4} = \boxed{20}$

b) $72 : 8 = \boxed{}$
$\boxed{} \cdot \boxed{} = \boxed{}$

c) $42 : 7 = \boxed{}$
$\boxed{} \cdot \boxed{} = \boxed{}$

d) $27 : 3 = \boxed{}$
$\boxed{} \cdot \boxed{} = \boxed{}$

e) $63 : 9 = \boxed{}$
$\boxed{} \cdot \boxed{} = \boxed{}$

f) $30 : 6 = \boxed{}$
$\boxed{} \cdot \boxed{} = \boxed{}$

★ entdecken, beschreiben und nutzen die Operationseigenschaft
Umkehrbarkeit an Beispielen
★ übertragen eine Darstellung in eine andere

Zu Geteiltaufgaben passende Malaufgaben finden (2)

1 Trage die fehlenden Zahlen ein.

a) $35 \xrightarrow{:5} \boxed{7}$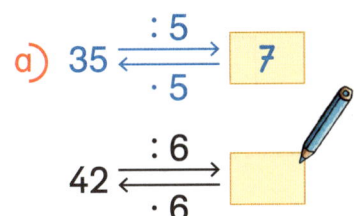
   $\xleftarrow{\cdot 5}$

b) $\boxed{} \xrightarrow{:2} 7$
   $\xleftarrow{\cdot 2}$

c) $18 \xrightarrow{:6} \boxed{}$
   $\xleftarrow{\cdot 6}$

$42 \xrightarrow{:6} \boxed{}$
$\xleftarrow{\cdot 6}$

$\boxed{} \xrightarrow{:3} 5$
$\xleftarrow{\cdot 3}$

$\boxed{} \xrightarrow{:9} 5$
$\xleftarrow{\cdot 9}$

$32 \xrightarrow{:8} \boxed{}$
$\xleftarrow{\cdot 8}$

$\boxed{} \xrightarrow{:5} 8$
$\xleftarrow{\cdot 5}$

$36 \xrightarrow{:4} \boxed{}$
$\xleftarrow{\cdot 4}$

2 Schreibe Geteilt- und Malaufgaben auf. Rechne aus.

a) $14 \xrightarrow{:2} \boxed{7}$
   $\xleftarrow{\cdot 2}$

$$14 : 2 = 7$$
$$7 \cdot 2 = 14$$

b) $27 \xrightarrow{:3} \boxed{}$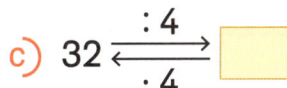
   $\xleftarrow{\cdot 3}$

c) $32 \xrightarrow{:4} \boxed{}$
   $\xleftarrow{\cdot 4}$

d) $48 \xrightarrow{:8} \boxed{}$
   $\xleftarrow{\cdot 8}$

e) $54 \xrightarrow{:6} \boxed{}$
   $\xleftarrow{\cdot 6}$

f) $42 \xrightarrow{:7} \boxed{}$
   $\xleftarrow{\cdot 7}$

g) $\boxed{} \xrightarrow{:5} 9$
   $\xleftarrow{\cdot 5}$

h) $\boxed{} \xrightarrow{:8} 5$
   $\xleftarrow{\cdot 8}$

i) $\boxed{} \xrightarrow{:4} 7$
   $\xleftarrow{\cdot 4}$

k) $\boxed{} \xrightarrow{:3} 6$
   $\xleftarrow{\cdot 3}$

l) $\boxed{} \xrightarrow{:6} 8$
   $\xleftarrow{\cdot 6}$

m) $\boxed{} \xrightarrow{:9} 7$
   $\xleftarrow{\cdot 9}$

★ entdecken und nutzen die Operationseigenschaft
Umkehrbarkeit an Beispielen
★ übertragen eine Darstellung in eine andere

53

1 Verbinde Geteilt- und Malaufgaben, die zusammengehören. Löse sie.

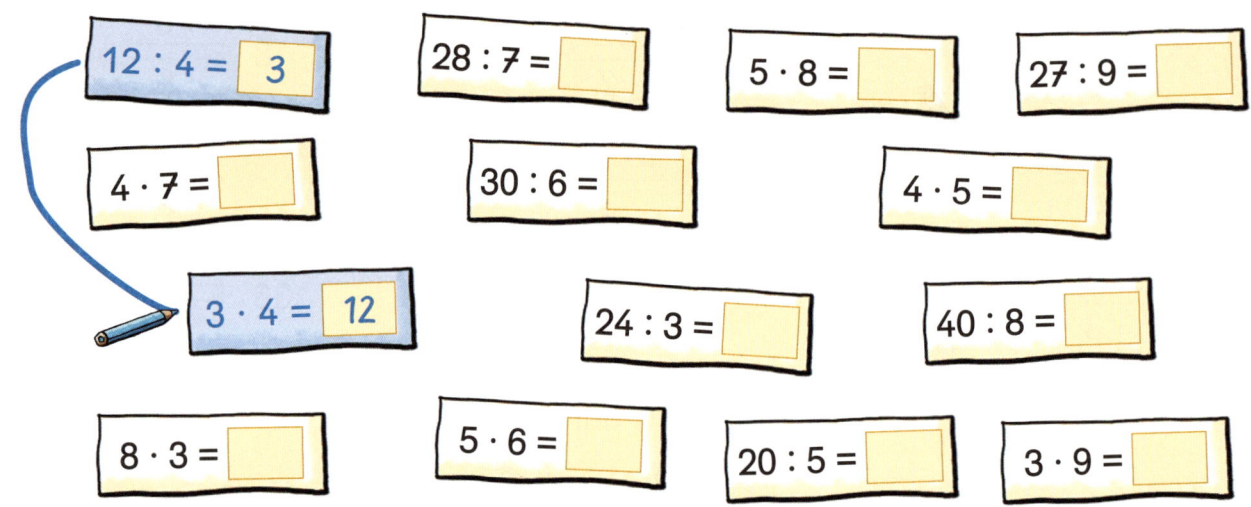

$12 : 4 = \boxed{3}$ $28 : 7 = \square$ $5 \cdot 8 = \square$ $27 : 9 = \square$

$4 \cdot 7 = \square$ $30 : 6 = \square$ $4 \cdot 5 = \square$

$3 \cdot 4 = \boxed{12}$ $24 : 3 = \square$ $40 : 8 = \square$

$8 \cdot 3 = \square$ $5 \cdot 6 = \square$ $20 : 5 = \square$ $3 \cdot 9 = \square$

2 Schreibe zu 3 Zahlen jeweils 4 Aufgaben.

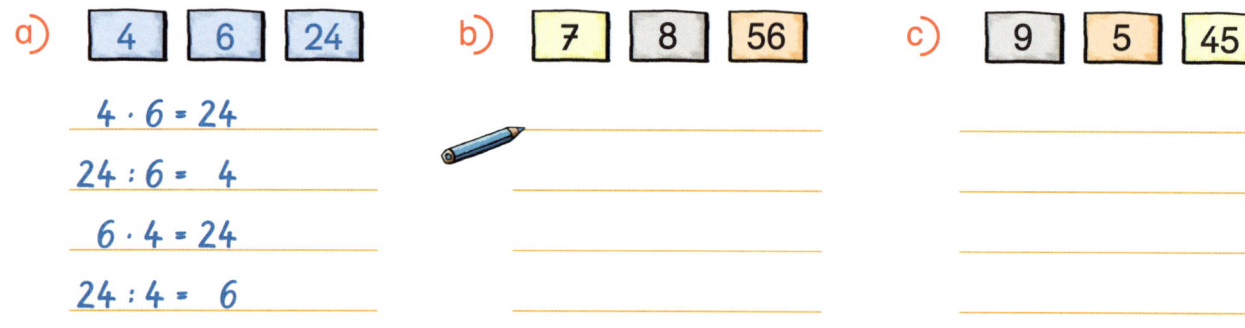

a) | 4 | 6 | 24 |

$4 \cdot 6 = 24$
$24 : 6 = 4$
$6 \cdot 4 = 24$
$24 : 4 = 6$

b) | 7 | 8 | 56 |

c) | 9 | 5 | 45 |

d) | 3 | 7 | |

e) | 6 | 9 | |

f) | 8 | 4 | |

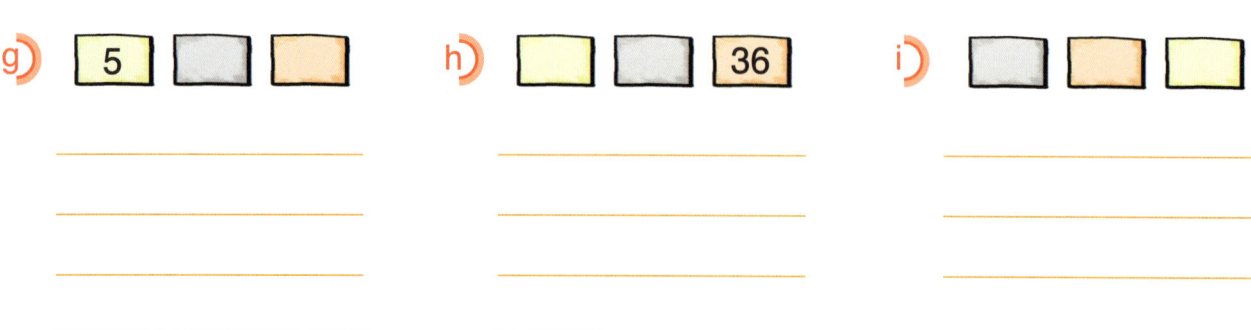

g) | 5 | | |

h) | | | 36 |

i) | | | |

* entdecken und nutzen die Operationseigenschaft Umkehrbarkeit an Beispielen
* nutzen Operationseigenschaften bei der Erstellung von Aufgaben

→ Ü Seite 33

Geteiltaufgaben lösen und kontrollieren

Ich kontrolliere mit der Umkehraufgabe.

24 : 4 = 6
denn
6 · 4 = 24

1 Löse die Geteiltaufgaben.
Kontrolliere deine Ergebnisse mit der Umkehraufgabe.

a) 30 : 5 = [6], denn 6 · 5 = 30

70 : 10 = [ ], denn _____

8 : 1 = [ ], denn _____

40 : 5 = [ ], denn _____

90 : 10 = [ ], denn _____

6 : 1 = [ ], denn _____

35 : 5 = [ ], denn _____

60 : 10 = [ ], denn _____

b) 16 : 2 = [ ], denn _____

24 : 4 = [ ], denn _____

40 : 8 = [ ], denn _____

16 : 4 = [ ], denn _____

12 : 2 = [ ], denn _____

56 : 8 = [ ], denn _____

12 : 4 = [ ], denn _____

64 : 8 = [ ], denn _____

c) 45 : 9 = [ ], denn _____

18 : 3 = [ ], denn _____

24 : 6 = [ ], denn _____

54 : 9 = [ ], denn _____

48 : 6 = [ ], denn _____

27 : 3 = [ ], denn _____

54 : 6 = [ ], denn _____

81 : 9 = [ ], denn _____

d) 36 : 4 = [ ], denn _____

35 : 7 = [ ], denn _____

15 : 5 = [ ], denn _____

21 : 7 = [ ], denn _____

42 : 6 = [ ], denn _____

63 : 7 = [ ], denn _____

32 : 8 = [ ], denn _____

49 : 7 = [ ], denn _____

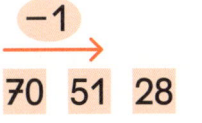
−1 →
70 51 28

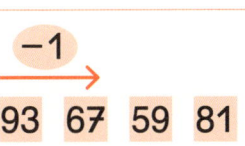
−1 →
93 67 59 81

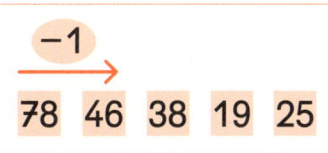
−1 →
78 46 38 19 25

★ nutzen Rechengesetze zur Überprüfung ihrer Lösungen
★ lösen Aufgaben des kleinen Einmaleins

1 Löse die Aufgaben.

a) 12 : 1 = 12

    12 : 2 = ☐

    12 : 3 = ☐

    12 : 4 = ☐

    12 : 6 = ☐

    12 : 12 = ☐

b) 18 : 1 = ☐

    18 : 2 = ☐

    18 : 3 = ☐

    18 : 6 = ☐

    18 : 9 = ☐

    18 : 18 = ☐

c) 24 : 8 = ☐

    24 : 6 = ☐

    24 : 4 = ☐

    24 : 3 = ☐

    24 : 2 = ☐

    24 : 1 = ☐

2 Kontrolliere die Aufgaben.
Tipp: In jedem Päckchen sind zwei Aufgaben falsch.

a) 24 : 3 = 8 ✓

    42 : 6 = 8̶ 7

    63 : 7 = 9

    72 : 8 = 9 _____

    54 : 6 = 4 _____

b) 24 : 6 = 8 _____

    56 : 7 = 8 _____

    32 : 8 = 4 _____

    35 : 5 = 8 _____

    36 : 4 = 9 _____

c) 28 : 4 = 8 _____

    48 : 6 = 8 _____

    15 : 3 = 5 _____

    27 : 9 = 7 _____

    49 : 7 = 7 _____

d) 20 : 5 = 4 _____

    18 : 2 = 8 _____

    40 : 4 = 10 _____

    64 : 8 = 7 _____

    36 : 9 = 4 _____

3 Löse die Aufgabenpaare.
Besprich mit einem anderen Kind, was dir auffällt.

a) 16 : 4 = 4

    16 : 8 = 2

b) 20 : 5 = ☐

    20 : 10 = ☐

c) 12 : 3 = ☐

    12 : 6 = ☐

d) 12 : 2 = ☐

    12 : 4 = ☐

e) 12 : 6 = ☐

    24 : 6 = ☐

f) 20 : 4 = ☐

    40 : 4 = ☐

g) 12 : 3 = ☐

    24 : 3 = ☐

h) 15 : 5 = ☐

    30 : 5 = ☐

i) 16 : 2 = ☐

    16 : 4 = ☐

k) 20 : 5 = ☐

    40 : 5 = ☐

l) 18 : 3 = ☐

    18 : 6 = ☐

m) 24 : 8 = ☐

    48 : 8 = ☐

n) Finde selbst Aufgabenpaare.

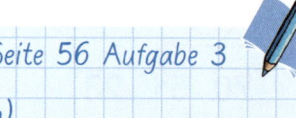

Seite 56 Aufgabe 3

n) ...

★ wenden bereits vorhandene Kenntnisse und Fähigkeiten an und überprüfen Ergebnisse
★ denken über Beziehungen bei Aufgabenpaaren nach
★ lösen Aufgaben des kleinen Einmaleins

→ Ü Seite 34

1 Male die Aufgaben und ihre Ergebnisse jeweils in der gleichen Farbe aus.

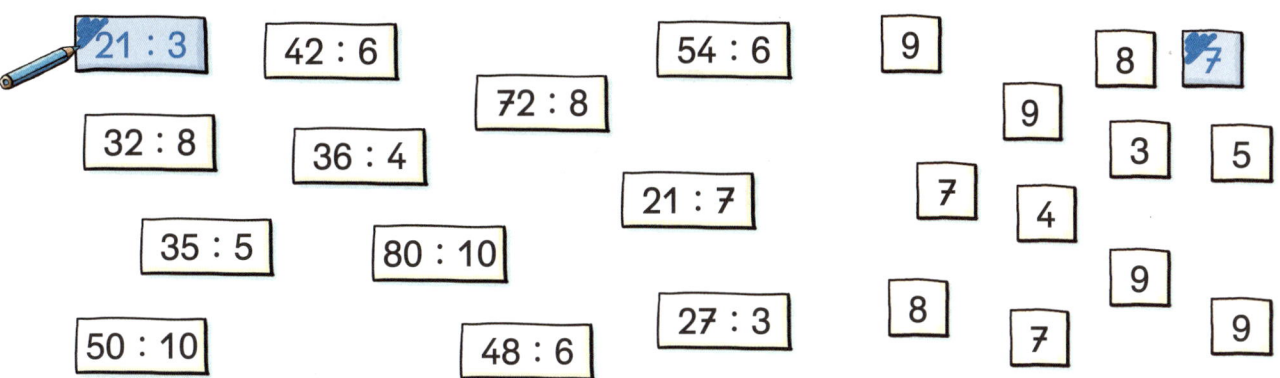

2 Verbinde so, dass sich richtige Aufgaben ergeben.

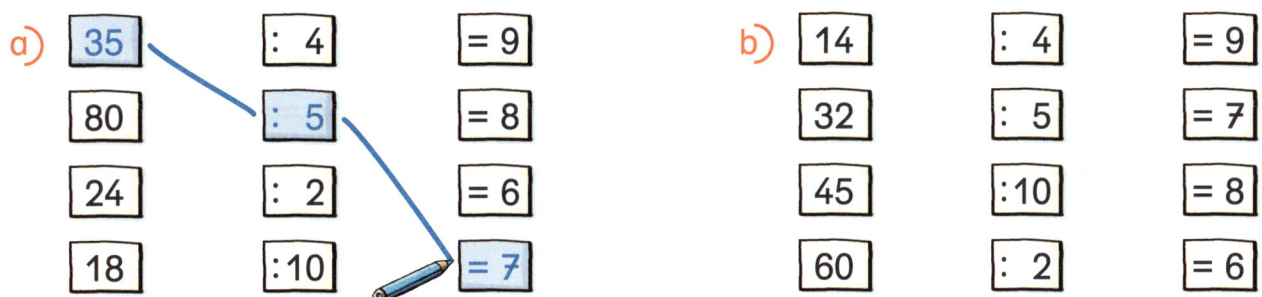

3 Streiche die falschen Ergebnisse durch.

a) 15 : 5 = ~~2~~ ~~10~~ 3
80 : 10 = 10 8 6
30 : 5 = 6 4 8
20 : 10 = 2 1 5
45 : 5 = 5 9 ~~7~~
90 : 10 = 10 8 9

b) 28 : 4 = 9 ~~7~~ 5
16 : 2 = 6 4 8
32 : 4 = 2 8 10
8 : 2 = 2 4 8
40 : 4 = 10 5 8
18 : 2 = ~~7~~ 9 8

c) 27 : 3 = 9 6 ~~7~~
54 : 6 = 4 9 6
24 : 6 = 3 5 4
18 : 3 = ~~7~~ 6 4
21 : 3 = ~~7~~ 8 9
42 : 6 = 9 ~~7~~ 8

4 Finde die fehlenden Zahlen. Die Umkehraufgabe kann dir helfen.

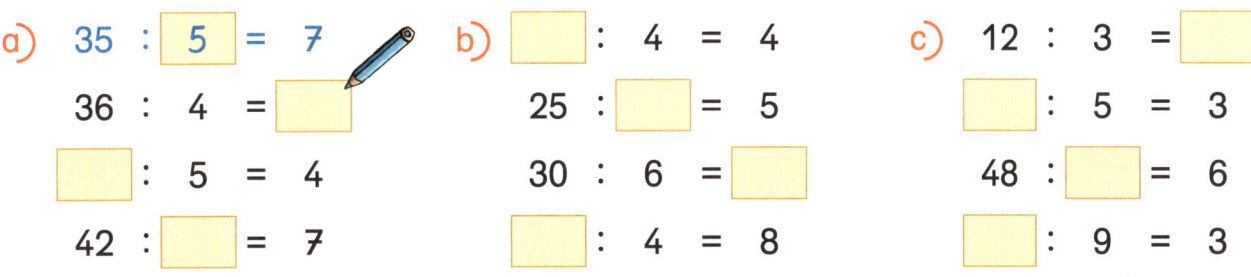

a) 35 : 5 = 7
36 : 4 = ☐
☐ : 5 = 4
42 : ☐ = 7

b) ☐ : 4 = 4
25 : ☐ = 5
30 : 6 = ☐
☐ : 4 = 8

c) 12 : 3 = ☐
☐ : 5 = 3
48 : ☐ = 6
☐ : 9 = 3

★ wenden bereits vorhandene Kenntnisse und Fähigkeiten an und überprüfen Ergebnisse
★ lösen Aufgaben des kleinen Einmaleins

57

Verdoppeln und halbieren (1)

Das Doppelte von 5 ist 10.

Die Hälfte von 10 ist 5.

$2 \cdot 5 = 10$

$10 : 2 = 5$

1 Schreibe die Verdopplungsaufgabe auf.

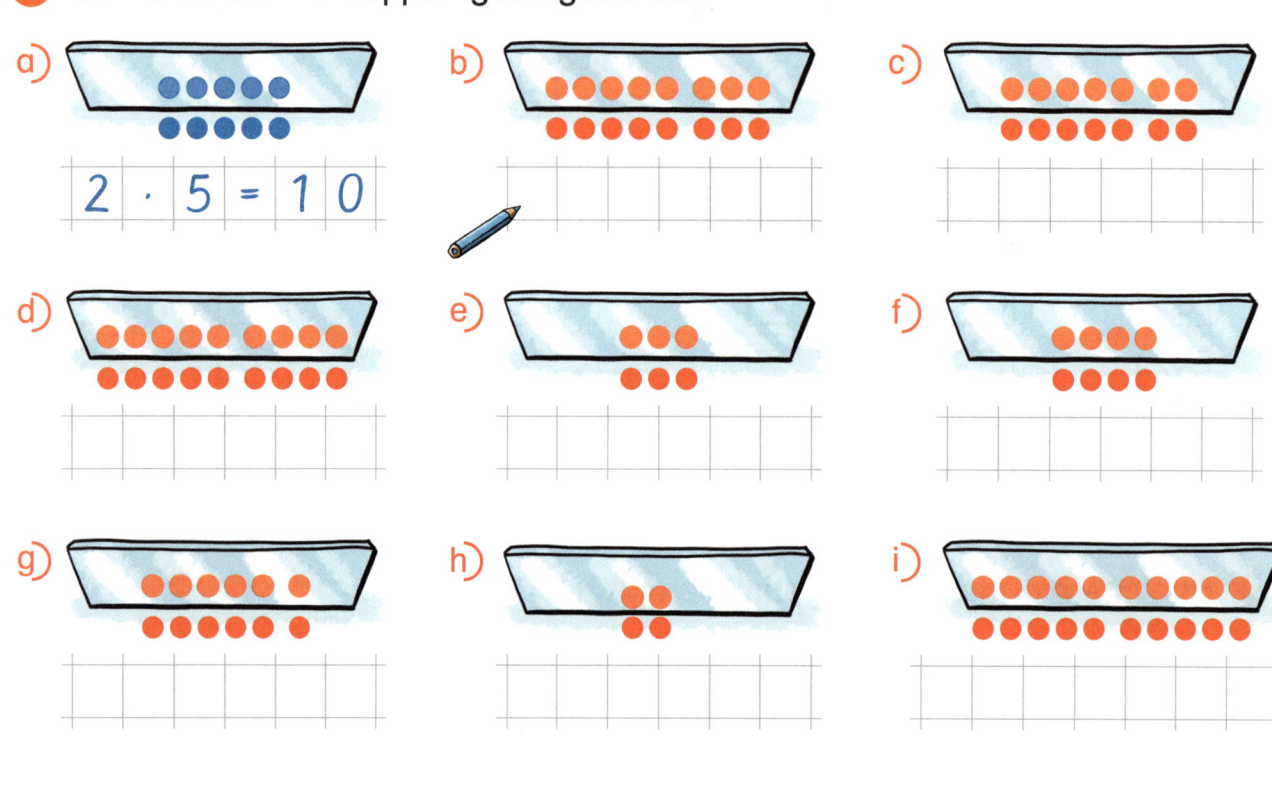

a) $2 \cdot 5 = 10$

b)

c)

d)

e)

f)

g)

h)

i)

2 Schreibe die Halbierungsaufgabe auf.

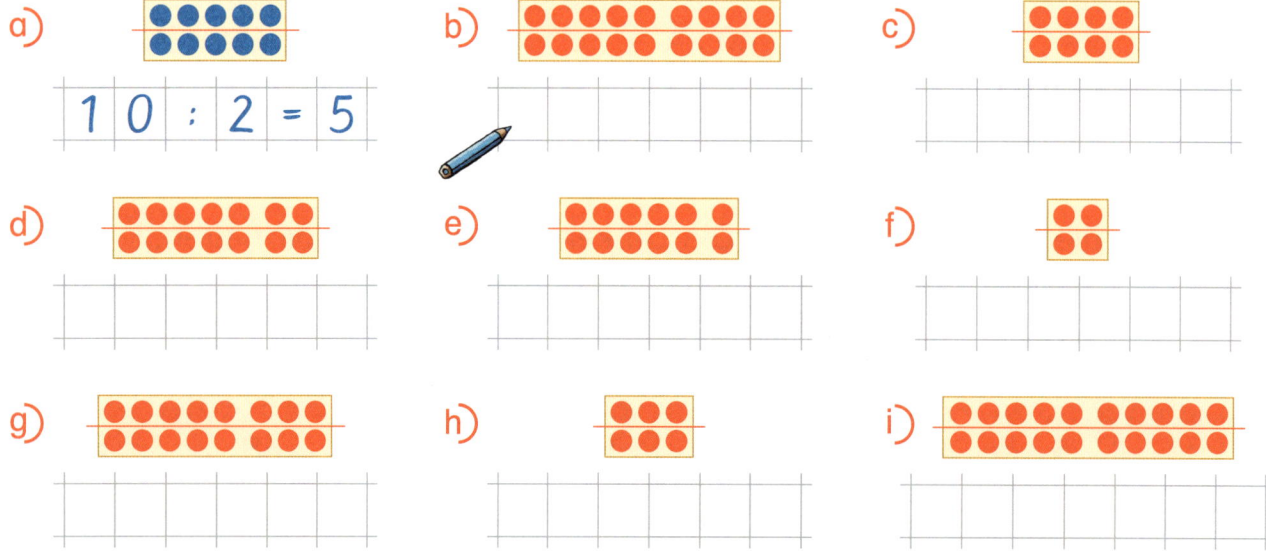

a) $10 : 2 = 5$

b)

c)

d)

e)

f)

g)

h)

i)

★ denken über mathematische Beziehungen nach und prüfen diese
★ übertragen eine Darstellung in eine andere und wechseln zwischen verschiedenen Darstellungsformen
★ verwenden Fachbegriffe richtig

1 Berechne das Doppelte und die Hälfte.

a) das Doppelte von 3

$$2 \cdot 3 = 6$$

b) das Doppelte von 9

c) das Doppelte von 7

d) die Hälfte von 6

e) die Hälfte von 16

f) die Hälfte von 12

2 Löse die Zahlenrätsel. Schreibe passende Rechnungen auf.

a) Meine Zahl ist das Doppelte von 6. *(Lea)*

$$2 \cdot 6 = 1\,2$$

Die gesuchte Zahl ist 12.

b) *(Paul)* Meine Zahl ist die Hälfte von 14.

c) Meine Zahl ist das Doppelte von 6 + 2. *(Maja)*

d) Meine Zahl ist die Hälfte von 3 · 6. *(Jacob)*

Geteiltaufgaben mit Rest kennenlernen

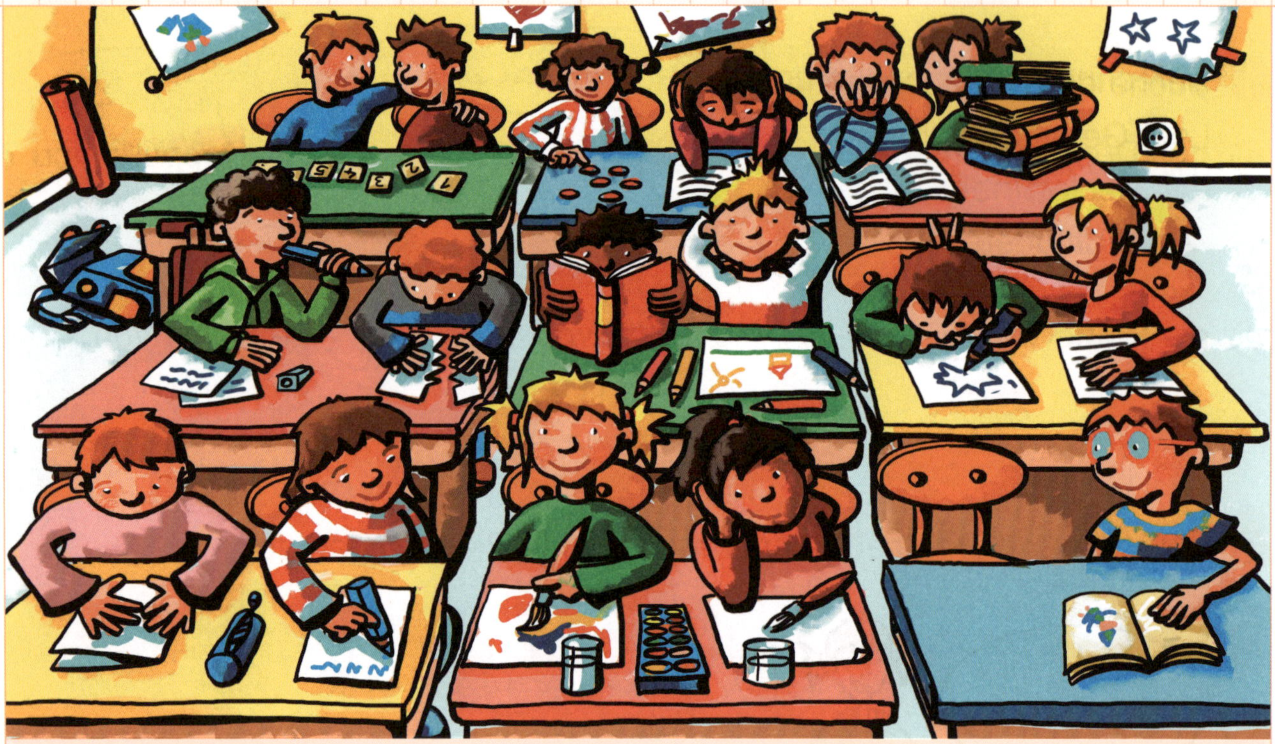

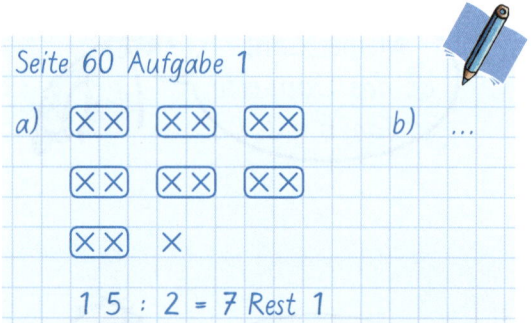

17 Kinder sitzen an Zweiertischen.

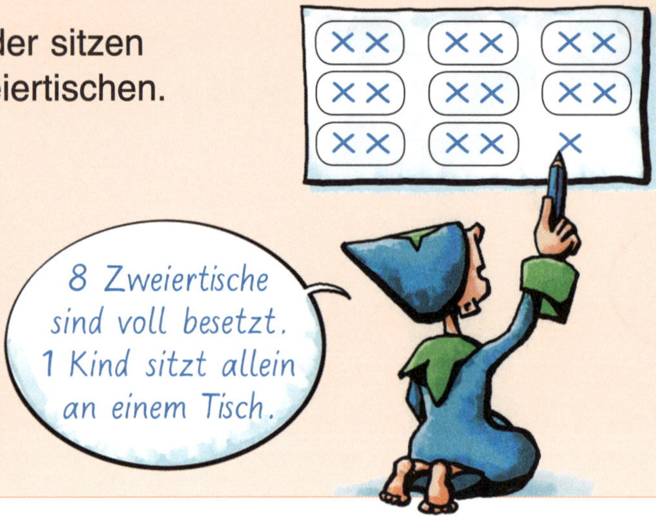

8 Zweiertische sind voll besetzt. 1 Kind sitzt allein an einem Tisch.

17 : 2 = 8 Rest 1

1 Zeichne Bilder und schreibe die Aufgaben dazu.

a) 15 Kinder sitzen an Zweiertischen.

b) 11 Kinder sitzen an Zweiertischen.

c) 19 Kinder sitzen an Zweiertischen.

d) 16 Kinder sitzen an Zweiertischen.

e) 13 Kinder sitzen an Zweiertischen.

f) 14 Kinder sitzen an Zweiertischen.

g) 20 Kinder sitzen an Zweiertischen.

Seite 60 Aufgabe 1

a) XX XX XX *b)* ...

XX XX XX

XX X

15 : 2 = 7 Rest 1

* übertragen eine Darstellung in eine andere und wechseln zwischen verschiedenen Darstellungsformen

1 Suche dir ein anderes Kind.
Legt Geteiltaufgaben
mit Steckwürfeln
und Wollfäden.

14 : 3 = 4 Rest 2

14 : 3 = 4 und
2 bleiben übrig.

2 Schreibe zu jedem Bild die passende Geteiltaufgabe.

a)

16 : 6 = 2 Rest 4

b)
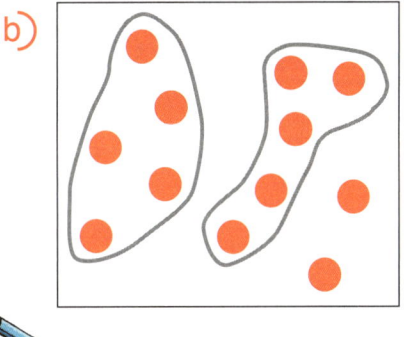

c)
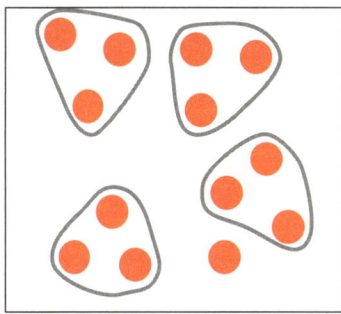

d)
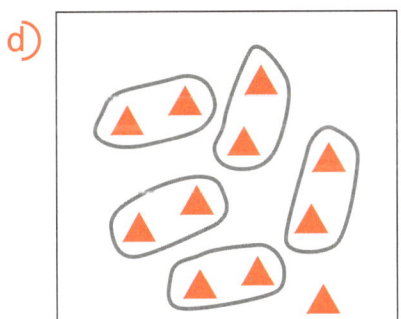

e)
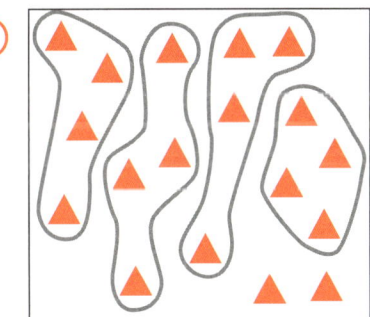

f)
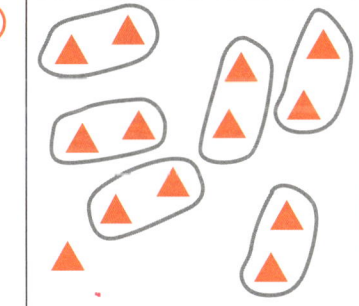

g)

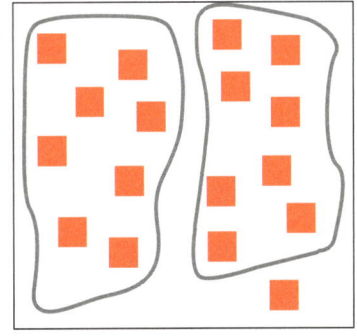

h)
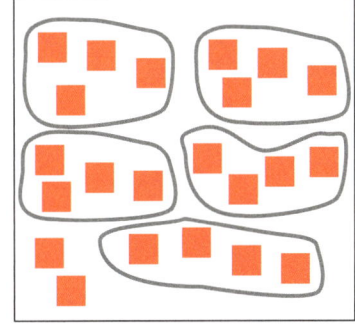

i)
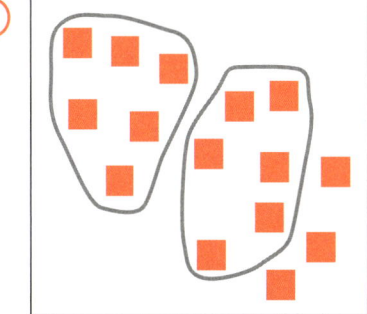

★ übertragen eine Darstellung in eine andere und wechseln zwischen verschiedenen Darstellungsformen
★ erklären mathematische Beziehungen an Beispielen und vollziehen Begründungen nach

61

Zu Geteiltaufgaben mit Rest Bilder zeichnen

1 Zeichne die Bilder fertig und löse die Aufgaben.

a)
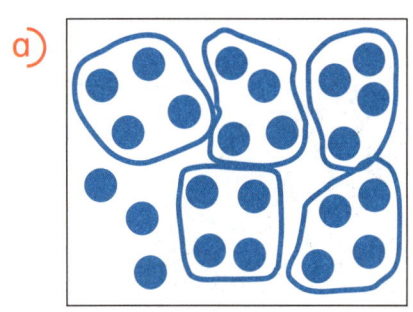

23 : 4 = 5 Rest 3

b)

20 : 6 = ☐ Rest ☐

c)
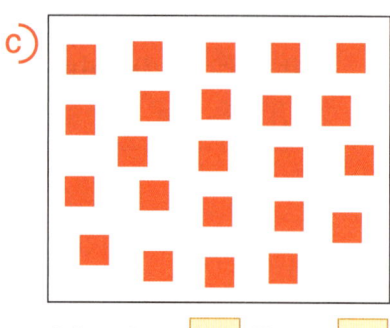

23 : 3 = ☐ Rest ☐

d)
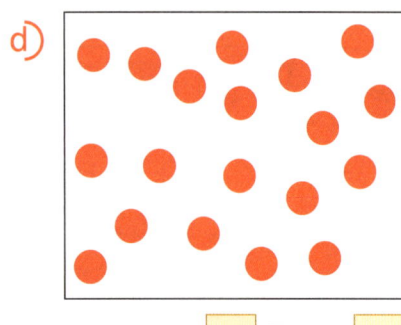

19 : 2 = ☐ Rest ☐

e)
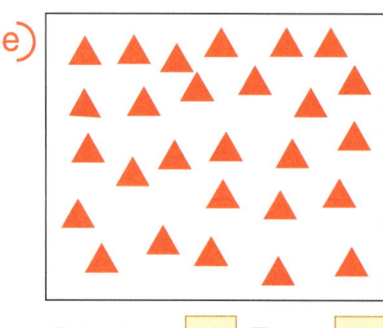

27 : 5 = ☐ Rest ☐

f)
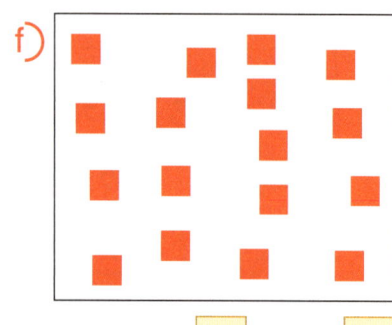

17 : 7 = ☐ Rest ☐

2 Zeichne selbst Bilder und löse die Aufgaben.

a)
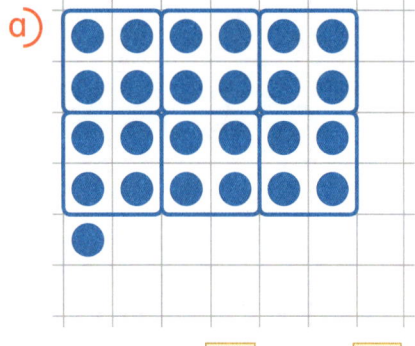

25 : 4 = 6 Rest 1

b)
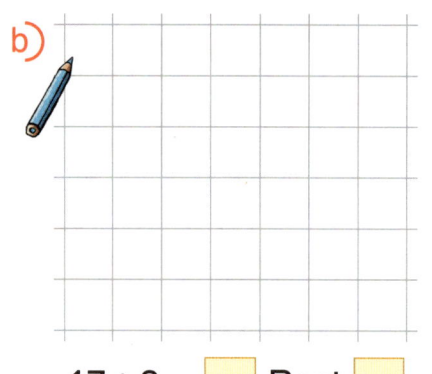

17 : 2 = ☐ Rest ☐

c)
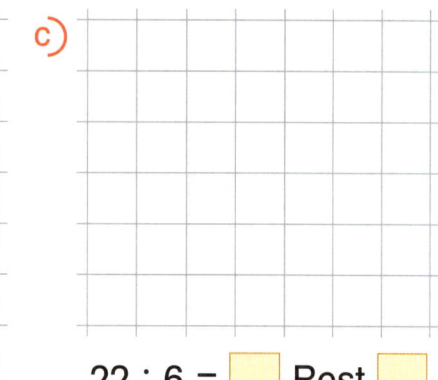

22 : 6 = ☐ Rest ☐

d)
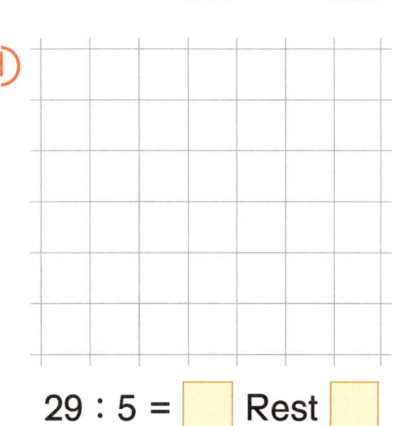

29 : 5 = ☐ Rest ☐

e)
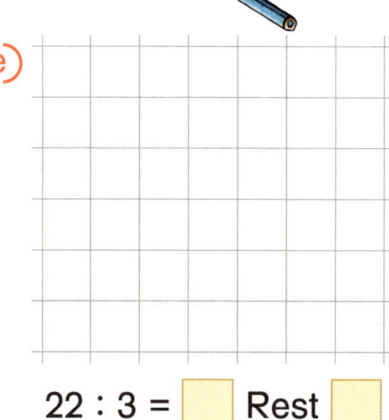

22 : 3 = ☐ Rest ☐

f)
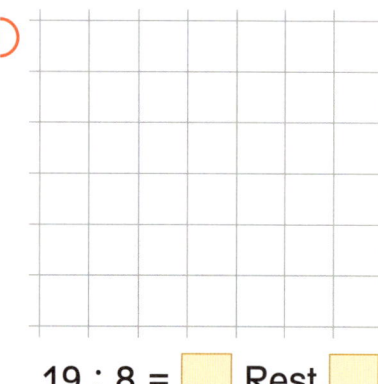

19 : 8 = ☐ Rest ☐

★ übertragen eine Darstellung in eine andere und wechseln zwischen verschiedenen Darstellungsformen

1 Finde zu jeder Geteiltaufgabe die passende Malaufgabe.
Male beide Aufgaben in der gleichen Farbe aus.

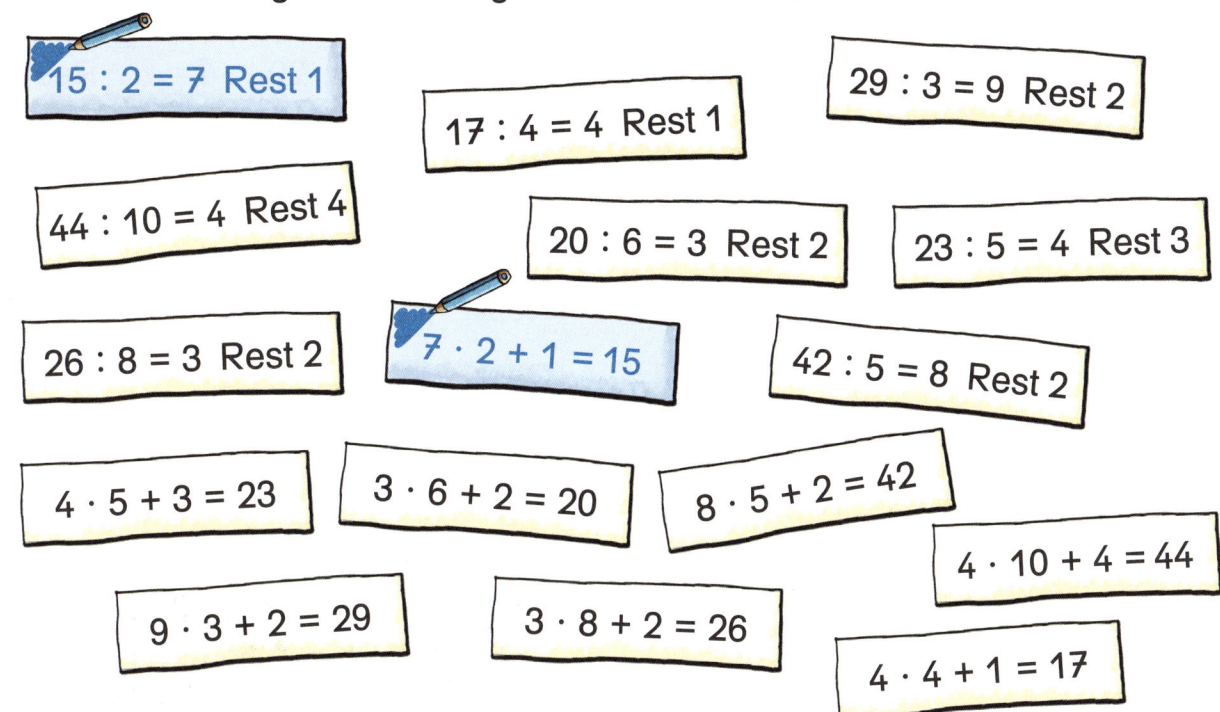

15 : 2 = 7 Rest 1

17 : 4 = 4 Rest 1

29 : 3 = 9 Rest 2

44 : 10 = 4 Rest 4

20 : 6 = 3 Rest 2

23 : 5 = 4 Rest 3

26 : 8 = 3 Rest 2

7 · 2 + 1 = 15

42 : 5 = 8 Rest 2

4 · 5 + 3 = 23

3 · 6 + 2 = 20

8 · 5 + 2 = 42

4 · 10 + 4 = 44

9 · 3 + 2 = 29

3 · 8 + 2 = 26

4 · 4 + 1 = 17

2 Finde immer erst die passende Malaufgabe.
Ergänze dann die Geteiltaufgabe.

Die Malaufgabe
hilft mir.

a) $\boxed{22}$: 4 = 5 Rest 2 ⟶ $\boxed{5}$ · $\boxed{4}$ + $\boxed{2}$ = $\boxed{22}$

b) $\boxed{}$: 5 = 3 Rest 4 ⟶ $\boxed{}$ · $\boxed{}$ + $\boxed{}$ = $\boxed{}$

c) $\boxed{}$: 3 = 6 Rest 1 ⟶ $\boxed{}$ · $\boxed{}$ + $\boxed{}$ = $\boxed{}$

d) $\boxed{}$: 6 = 5 Rest 4 ⟶ $\boxed{}$ · $\boxed{}$ + $\boxed{}$ = $\boxed{}$

e) $\boxed{}$: 8 = 3 Rest 6 ⟶ $\boxed{}$ · $\boxed{}$ + $\boxed{}$ = $\boxed{}$

f) $\boxed{}$: 7 = 6 Rest 5 ⟶ $\boxed{}$ · $\boxed{}$ + $\boxed{}$ = $\boxed{}$

$\xrightarrow{-1}$
47 91 58

$\xrightarrow{-1}$
63 100 85 51

$\xrightarrow{-1}$
95 19 40 38 61

1 Löse die Aufgaben.

a) $8 : 8 = \boxed{1}$

$10 : 8 = \boxed{1}$ Rest $\boxed{2}$

$13 : 8 = \boxed{1}$ Rest $\boxed{5}$

b) $20 : 5 = \boxed{}$

$22 : 5 = \boxed{}$ Rest $\boxed{}$

$24 : 5 = \boxed{}$ Rest $\boxed{}$

c) $28 : 4 = \boxed{}$

$29 : 4 = \boxed{}$ Rest $\boxed{}$

$31 : 4 = \boxed{}$ Rest $\boxed{}$

d) $36 : 6 = \boxed{}$

$38 : 6 = \boxed{}$ Rest $\boxed{}$

$40 : 6 = \boxed{}$ Rest $\boxed{}$

e) $63 : 9 = \boxed{}$

$66 : 9 = \boxed{}$ Rest $\boxed{}$

$70 : 9 = \boxed{}$ Rest $\boxed{}$

f) $50 : 10 = \boxed{}$

$54 : 10 = \boxed{}$ Rest $\boxed{}$

$58 : 10 = \boxed{}$ Rest $\boxed{}$

2 Rechne und kontrolliere mit der Malaufgabe.

Ich suche zuerst die Aufgabe ohne Rest.

a) $21 : 5 = \boxed{4}$ Rest $\boxed{1}$, denn $4 \cdot 5 + 1 = 21$

$17 : 2 = \boxed{}$ Rest $\boxed{}$, denn _____

$32 : 10 = \boxed{}$ Rest $\boxed{}$, denn _____

$41 : 8 = \boxed{}$ Rest $\boxed{}$, denn _____

$20 : 6 = \boxed{}$ Rest $\boxed{}$, denn _____

b) $29 : 3 = \boxed{}$ Rest $\boxed{}$, denn _____

$37 : 7 = \boxed{}$ Rest $\boxed{}$, denn _____

$48 : 9 = \boxed{}$ Rest $\boxed{}$, denn _____

$19 : 2 = \boxed{}$ Rest $\boxed{}$, denn _____

$30 : 4 = \boxed{}$ Rest $\boxed{}$, denn _____

$20 : 5 = 4$, dann ist $21 : 5 = 4$ Rest 1.

3 Kontrolliere die Aufgaben.

Tipp: In jedem Päckchen sind zwei Aufgaben falsch.

a) $27 : 5 = 5$ Rest 2 ✓ _____

$26 : 7 = \cancel{3 \text{ Rest } 6}$ *3 Rest 5* _____

$29 : 4 = \cancel{7} \text{ Rest } 1$ _____

$32 : 9 = 3$ Rest 3 _____

b) $19 : 2 = 8$ Rest 1 _____

$52 : 8 = 6$ Rest 4 _____

$33 : 6 = 6$ Rest 3 _____

$23 : 3 = \cancel{7}$ Rest 2 _____

* erkennen die Struktur von Aufgabenreihen und nutzen diese
* nutzen Rechengesetze für vorteilhaftes Rechnen und zum Überprüfen der Lösung

→ Ü Seite 35

Geteiltaufgaben mit Rest lösen (2)

1 Schreibe unter jede Geteiltaufgabe weitere Aufgaben, die eine Lösung mit Rest haben.

a)
14 : 7 = 2
15 : 7 = 2 Rest 1
16 : 7 = ☐ Rest ☐
☐ : 7 = ☐ Rest ☐
☐ : 7 = ☐ Rest ☐

b)
20 : 5 = ☐
☐ : 5 = ☐ Rest ☐
☐ : 5 = ☐ Rest ☐
☐ : 5 = ☐ Rest ☐
☐ : 5 = ☐ Rest ☐

c)
32 : 8 = ☐
☐ : 8 = ☐ Rest ☐
☐ : 8 = ☐ Rest ☐
☐ : 8 = ☐ Rest ☐
☐ : 8 = ☐ Rest ☐

d)
27 : 9 = ☐
☐ : 9 = ☐ Rest ☐
☐ : 9 = ☐ Rest ☐
☐ : 9 = ☐ Rest ☐
☐ : 9 = ☐ Rest ☐

2 Überlege: Welche Zahlen können als Reste vorkommen bei (: 4), (: 5), (: 6)?

4 : 4 = 1 Rest 0
5 : 4 = 1 Rest 1
6 : 4 = 1 Rest 2
7 : 4 = 1 Rest 3
8 : 4 = 2 Rest 0
Und so weiter?!

3 Löse immer zuerst die obere Aufgabe. Trage die Ergebnisse ein.

a)
16 : 4 = 4
19 : 4 = 4 Rest 3

b)
20 : 5 = ☐
23 : 5 = ☐ Rest ☐

c)
18 : 2 = ☐
19 : 2 = ☐ Rest ☐

d)
21 : 3 = ☐
23 : 3 = ☐ Rest ☐

e)
25 : 5 = ☐
27 : 5 = ☐ Rest ☐

f)
18 : 6 = ☐
20 : 6 = ☐ Rest ☐

g)
24 : 8 = ☐
28 : 8 = ☐ Rest ☐

h)
30 : 10 = ☐
34 : 10 = ☐ Rest ☐

i)
12 : 3 = ☐
14 : 3 = ☐ Rest ☐

k)
30 : 6 = ☐
34 : 6 = ☐ Rest ☐

l)
40 : 8 = ☐
43 : 8 = ☐ Rest ☐

m)
15 : 3 = ☐
17 : 3 = ☐ Rest ☐

n)
35 : 5 = ☐
38 : 5 = ☐ Rest ☐

o)
32 : 4 = ☐
34 : 4 = ☐ Rest ☐

p)
21 : 7 = ☐
25 : 7 = ☐ Rest ☐

In der Klasse sitzen die Kinder an 5 Vierertischen.

Ein Punktebild hilft mir, die passende Aufgabe zu finden.

5·4=20

1 Zeichne passende Punktebilder in dein Heft. Schreibe die Aufgaben dazu.

a) Auf dem Tisch liegen 2 Mäppchen mit je 6 Stiften.

Seite 66 Aufgabe 1

a) ● ● ● ● ●   ●   b) ...
   ● ● ● ● ●   ●

2 · 6 = 1 2

b) Janek hängt 20 Bilder auf. Er teilt sie so auf, dass immer 10 in einer Reihe hängen.

c) 15 Kinder werden in 3 Gruppen verteilt.

d) In der Leseecke stehen 3 Bücherkisten. In jeder Kiste sind 10 Bücher.

e) Lea hat aus 24 Steckwürfeln Vierertürme gebaut.

f) 32 Spielkarten werden an 4 Kinder verteilt.

g) Im Klassenraum gibt es 4 Fenster. An jedem hängen 3 Vogelbilder.

★ übertragen eine Darstellung in eine andere und wechseln zwischen verschiedenen Darstellungsformen
★ übersetzen Problemstellungen aus Sachsituationen in die Sprache der Mathematik und lösen sie

1 Zeichne zu jeder Rechengeschichte ein Punktebild und schreibe die Aufgabe dazu. Schreibe einen passenden Antwortsatz.

a) Max sammelt Sticker.
Er kauft 3 Päckchen.
In jedem Päckchen sind 6 Sticker.

F: Wie viele Sticker kauft Max?

R: _3 · 6 = 18_

A: _Max kauft 18 Sticker._

b) Tim hängt Bilder auf. Für jedes Bild braucht er 4 Nadeln. Insgesamt braucht er 28 Nadeln.

F: Wie viele Bilder hängt Tim auf?

R: _____

A: _____

c) Paul gießt die Blumen. Auf 4 Fensterbänken stehen je 5 Blumentöpfe.

F: Wie viele Blumentöpfe gießt Paul?

R: _____

A: _____

d) Maja verteilt 30 Murmeln an 5 Kinder.

F: Wie viele Murmeln bekommt jedes Kind?

R: _____

A: _____

★ übersetzen Problemstellungen aus Sachsituationen
in die Sprache der Mathematik und lösen sie
★ nutzen verschiedene Darstellungsformen

1 Zeichne zu jeder Rechengeschichte ein Punktebild und schreibe die Aufgabe dazu. Schreibe einen passenden Antwortsatz.

a) Auf dem Parkplatz stehen Autos in Fünferreihen. 3 Reihen sind voll besetzt.

F: Wie viele Autos parken auf dem Parkplatz?

R: <u>3 · 5 = 15</u>

A: <u>Auf dem Parkplatz parken 15 Autos.</u>

> 3 Reihen mit 5 Autos

b) Auf einem Parkplatz parken 24 Autos in 4 Reihen. In jeder Reihe stehen gleich viele Autos.

F: Wie viele Autos stehen in jeder Reihe?

R: _____

A: _____

c) Auf einem Parkplatz stehen 42 Autos in Sechserreihen.

F: Wie viele Reihen sind besetzt?

R: _____

A: _____

d) Auf einem Parkplatz parken Autos in 5 Reihen. In jeder Reihe stehen 6 Autos.

F: Wie viele Autos parken dort?

R: _____

A: _____

★ übertragen eine Darstellung in eine andere und wechseln zwischen verschiedenen Darstellungsformen
★ übersetzen Problemstellungen aus Sachsituationen in die Sprache der Mathematik und lösen sie

1 Schreibe zu jedem Punktebild eine passende Aufgabe. Erfinde eine
kleine Rechengeschichte dazu und stelle sie einem anderen Kind vor.

a)
R: 3 · 4 = 12

G: Tim baut Spielzeugautos. Er möchte 3 Autos bauen.
   Jedes Auto hat 4 Räder.

F: Wie viele Räder braucht Tim?

A: Tim braucht 12 Räder.

b)
R:

G:

F:

A:

c)
R:

G:

F:

A:

d)
R:

G:

F:

A:

Zwei Rechenschritte in Punktebildern ablesen und darstellen

1 Schreibe zu jeder Rechengeschichte zwei Aufgaben.
Die Punktebilder helfen dir. Schreibe einen passenden Antwortsatz.

a) Maja verteilt an sich und ihre beiden Freunde 18 Murmeln. Anschließend bekommt sie noch 5 Murmeln von ihrem Bruder geschenkt.

    F: Wie viele Murmeln hat Maja jetzt?

Seite 70 Aufgabe 1
a) R: 18 : 3 = 6   6 + 5 = 11
     A: Maja hat 11 Murmeln.
b) ...

b) Patrick hat 22 schöne Steine gesammelt. 4 davon legt er in sein Regal. Die anderen Steine möchte er verschenken. Er packt Päckchen mit je 3 Steinen.

    F: Wie viele Päckchen packt Patrick?

c) Paul backt mit seinem Vater Plätzchen. Auf das große Backblech passen 3 Reihen mit je 4 Plätzchen. Auf das kleine Backblech passen 9 Plätzchen.

    F: Wie viele Plätzchen backen Paul und sein Vater?

2 Zeichne zu jeder Rechengeschichte zwei Punktebilder und schreibe die Aufgaben dazu. Schreibe einen passenden Antwortsatz.

a) Lea baut aus Steckwürfeln 3 Vierertürme. Daneben baut sie einen Turm aus 8 Würfeln.

    F: Wie viele Würfel braucht sie?

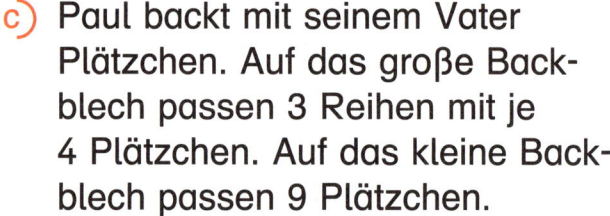

Seite 70 Aufgabe 2
a)
3 · 4 = 12   12 + 8 = 20
A: Lea braucht 20 Würfel.

b) Max verteilt 20 Bonbons an sich und seine drei Freunde. Anschließend schenkt er vier von seinen Bonbons seiner Schwester.

    F: Wie viele Bonbons hat Max noch?

c) Mai-Lin baut aus 30 Steckwürfeln einen Sechserturm und anschließend noch Vierertürme.

    F: Wie viele Vierertürme sind es?

★ übertragen eine Darstellung in eine andere und wechseln zwischen verschiedenen Darstellungsformen
★ übersetzen Problemstellungen aus Sachsituationen in die Sprache der Mathematik und lösen sie

Auf dem Hof laufen Hühner.
Lea zählt 14 Beine.

F: Wie viele Hühner
sind auf dem Hof?

Eine Skizze hilft mir.

14 Beine –
7 Hühner

14 : 2 = 7
oder 7 · 2 = 14

1 Zeichne zu jeder Aufgabe eine Skizze.
Schreibe einen passenden Antwortsatz.

a) Auf der Wiese laufen Gänse.
Patrick zählt 16 Beine.

F: Wie viele Gänse sind auf
der Wiese?

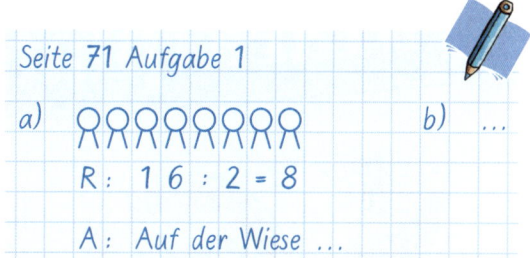

Seite 71 Aufgabe 1

a) АААААААА   b) …
R: 16 : 2 = 8
A: Auf der Wiese …

b) Auf der Weide stehen Kühe.
Max zählt 32 Beine.

F: Wie viele Kühe stehen
auf der Weide?

c) Im Stall sind Schweine und 3 Hühner.
Meral zählt insgesamt 30 Beine.

F: Wie viele Schweine sind im Stall?

2 Zeichne zu jeder Aufgabe eine Skizze und finde die Lösung.
Schreibe einen passenden Antwortsatz.
Vergleiche deine Ergebnisse mit einem anderen Kind.

a) Im Schwimmbad sind 18 Kinder.
Die Hälfte der Kinder ist im Schwimmer-
Becken. Im Nichtschwimmer-Becken
tauchen zwei Paare nach Ringen.
Die anderen Kinder sitzen auf der Bank.

F: Wie viele Kinder sitzen auf der Bank?

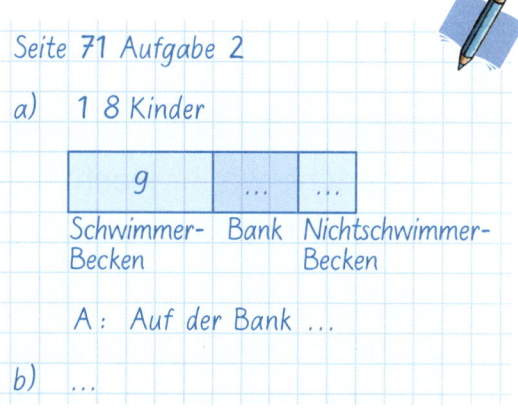

Seite 71 Aufgabe 2

a) 18 Kinder

| 9 | … | … |

Schwimmer-   Bank   Nichtschwimmer-
Becken   Becken

A: Auf der Bank …

b) …

b) Auf dem Schulhof sind 24 Kinder.
Zwei Dreiergruppen springen mit
dem Seil, sechs Paare spielen mit dem Ball.
Die anderen Kinder sind auf dem Klettergerüst.

F: Wie viele Kinder sind auf dem Klettergerüst?

★ entnehmen aus kurzen Sachtexten relevante Informationen und übersetzen diese in die Sprache der Mathematik
★ entwickeln geeignete Skizzen, um mathematische Probleme darzustellen

71

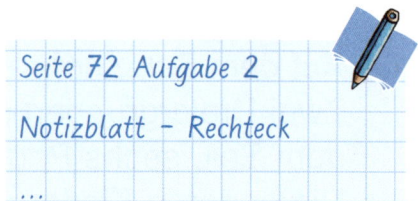

🟩	Rechteck
🟨	Quadrat
🔺	Dreieck
🔴	Kreis

1 Betrachte die Bilder mit einem Partner.
Besprecht, wo ihr Rechtecke, Quadrate,
Dreiecke und Kreise entdeckt.

2 Suche in deiner Umgebung Dinge,
an denen du Rechtecke, Quadrate,
Dreiecke und Kreise erkennen kannst.
Schreibe oder zeichne sie auf.
Ordne ihnen die passende Form zu.

Seite 72 Aufgabe 2
Notizblatt – Rechteck
...

★ entdecken und beschreiben geometrische Grundformen
(auch in der alltäglichen Umwelt) und verwenden Fachbegriffe

Das Rechteck hat 4 Ecken und 4 Seiten. Die gegenüberliegenden Seiten sind gleich lang.

Das Quadrat und das Rechteck sind besondere Vierecke.

Das Quadrat hat 4 Ecken und 4 Seiten. Alle Seiten sind gleich lang.

Das Dreieck hat 3 Ecken und 3 Seiten.

Der Kreis ist rund. Er hat keine Ecken.

Das Viereck hat 4 Ecken und 4 Seiten.

1 Entscheide, welche Figuren Vierecke, Rechtecke, Quadrate, Dreiecke und Kreise sind. Ordne zu. Besprich deine Lösung mit einem anderen Kind. Begründe deine Entscheidungen.

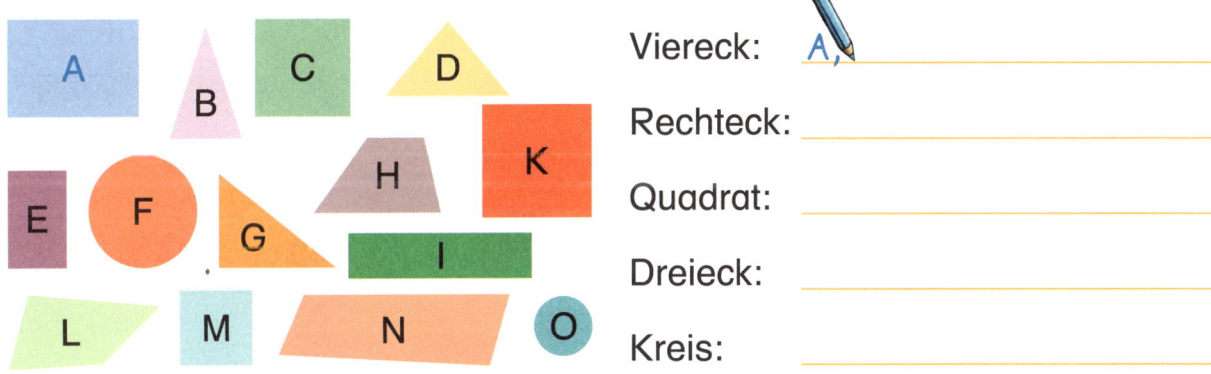

Viereck: A,

Rechteck: _____

Quadrat: _____

Dreieck: _____

Kreis: _____

2 Zeichne Quadrate und Rechtecke.

a) Zeichne die Quadrate und das Rechteck ab. Benutze ein Lineal.

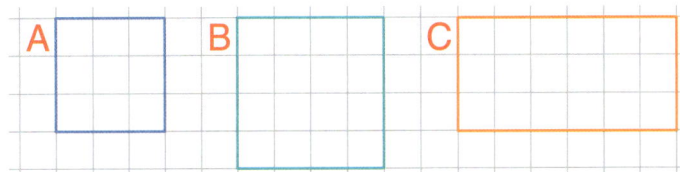

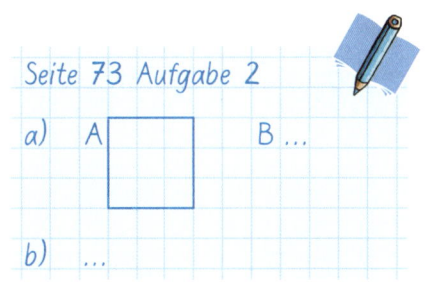

Seite 73 Aufgabe 2
a) A   B ...
b) ...

b) Zeichne weitere Quadrate und Rechtecke. Male die Quadrate gelb aus. Male die anderen Rechtecke grün aus.

★ bearbeiten Aufgabenstellungen gemeinsam und erklären anderen ihren Lösungsweg
★ beschreiben und vergleichen Flächenformen mit Fachbegriffen

73

1 Löse die Figurenrätsel.

Meine Figur hat keine Ecken.

Alle 4 Seiten sind gleich lang.

Meine Figur hat 3 Seiten.

Die gegenüberliegenden Seiten sind gleich lang.

2 Schreibe selbst ein Figurenrätsel.
Bitte ein anderes Kind, das Rätsel zu lösen.

3 Male aus: Kreise rot, Dreiecke blau, Quadrate gelb, Rechtecke grün.

4 Male selbst ein Gebäude, ein Fahrzeug oder etwas anderes
aus Quadraten, Rechtecken, Dreiecken und Kreisen.

* beschreiben geometrische Grundformen und verwenden Fachbegriffe
* entdecken und zeichnen geometrische Grundformen

→ Ü Seite 37

In der Vorstellung Figuren zusammensetzen

1 Verbinde jeweils die beiden Teile, die zusammen ein Quadrat ergeben.

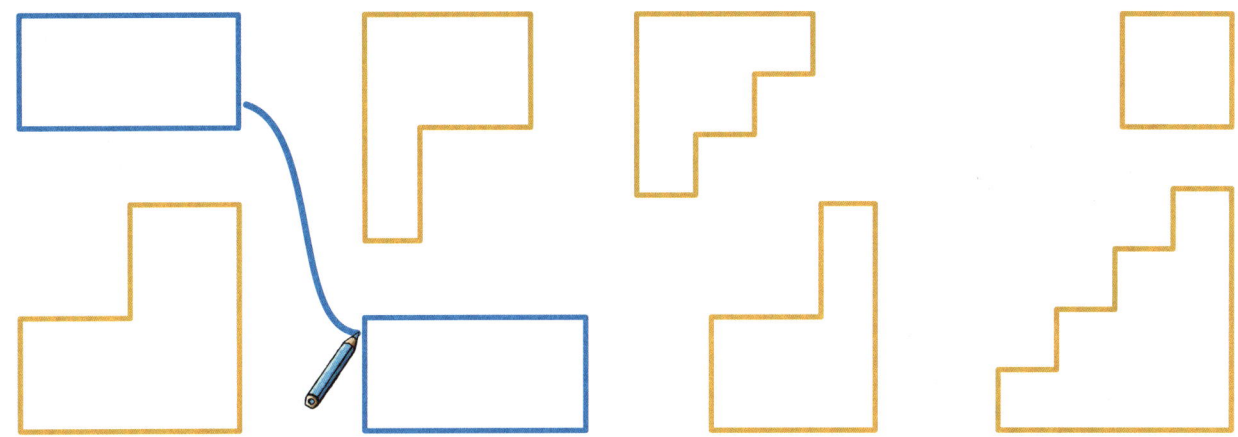

2 Überlege, welche Figuren entstehen, wenn du die Zahlen
in der angegebenen Reihenfolge verbinden würdest. Schreibe es auf.

a) 2, 4, 12, 10, 2   b) 5, 8, 12, 9, 5   c) 9, 6, 11, 10, 9

1	2	3	4
5	6	7	8
9	10	11	12

1	2	3	4
5	6	7	8
9	10	11	12

1	2	3	4
5	6	7	8
9	10	11	12

3 Lies dir die Angaben durch. Schreibe auf, welche Figur entsteht.
Falte in deiner Vorstellung …

a) … ein Quadrat so, dass zwei gegenüberliegende
Seiten genau aufeinanderliegen.

b) … bei einem Quadrat die rechte untere Ecke
auf die linke obere Ecke.

c) … ein Quadrat so, dass zwei gegenüberliegende
Seiten genau aufeinanderliegen. Dann falte es in der
Mitte so, dass die kurzen Seiten aufeinanderliegen.

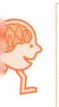
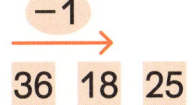
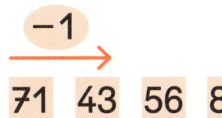

−1: 36 18 25   −1: 71 43 56 82   −1: 17 93 24 68 41

★ setzen über die Vorstellung gegebene Teilfiguren zu Quadraten
zusammen und nutzen dabei die Eigenschaften von Quadraten
★ stellen geometrische Figuren über Zeichnen und Falten in der Vorstellung her (Kopfgeometrie)

75

Tangram legen

> Mit den Tangramfiguren kannst du viele Figuren mit gleicher Fläche legen.

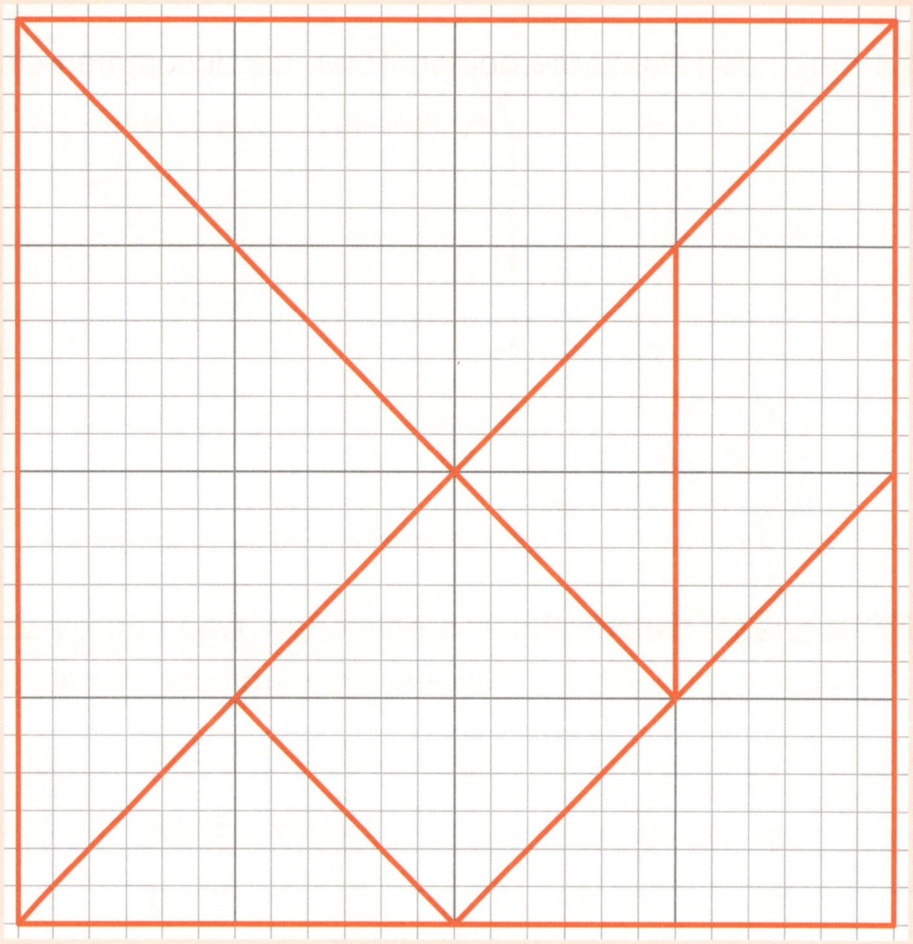

1 Übertrage das Muster auf Karopapier. Schneide alle **7** Teile aus.

2 Lege diese Figuren nach.

a)

b)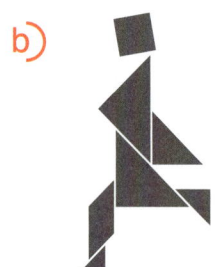

c)

d) Erfinde eigene Figuren.

3 Lege auch diese Figuren nach.

a)

b)

c)

★ stellen durch Nachlegen und Zusammensetzen ebene Figuren her und erfinden selbst welche

1 Flächeninhalte mit Hilfe von Kästchen bestimmen.

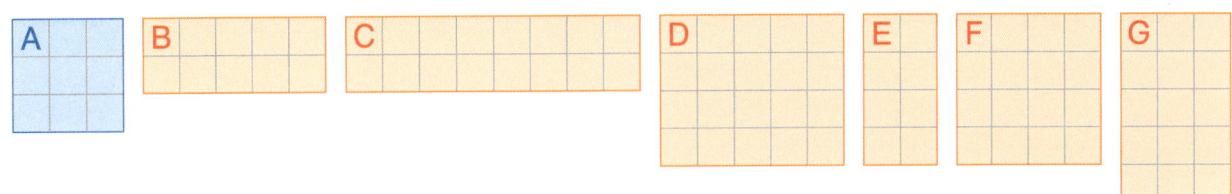

a) Schätze, in welcher Figur die meisten Kästchen sind. _____
Schätze, ob es Figuren gibt, die
die gleiche Anzahl von Kästchen haben. _____

b) Ermittle, wie viele Kästchen die Figuren haben.

A: [9] Kästchen   B: [ ] Kästchen   C: [ ] Kästchen

D: [ ] Kästchen   E: [ ] Kästchen   F: [ ] Kästchen

G: [ ] Kästchen

c) Berechne die Anzahl der Kästchen jeder Figur.
Schreibe eine Malaufgabe.

A: _3 · 3 = 9_____   Figur A hat [9] Kästchen.

B: _____   Figur B hat [ ] Kästchen.

C: _____   Figur C hat [ ] Kästchen.

D: _____   Figur D hat [ ] Kästchen.

E: _____   Figur E hat [ ] Kästchen.

F: _____   Figur F hat [ ] Kästchen.

G: _____   Figur G hat [ ] Kästchen.

d) Schreibe Vergleiche auf.

Figur _____ hat gleich viele Kästchen wie Figur _____.

Figur _____ hat mehr Kästchen als Figur _____.

Figur _____ hat weniger Kästchen als Figur _____.

1 Die Rechtecke und das Quadrat sollen mit quadratischen Plättchen ausgelegt werden.

a) Schätze zuerst:

Für Figur _____ brauchst du die meisten Plättchen.

b) Zeichne in jede Figur quadratische Plättchen ein.
Jedes quadratische Plättchen besteht aus 4 Kästchen.

Schreibe deine Ergebnisse auf.

A: | 20 | Plättchen   B: | | Plättchen

C: | | Plättchen   D: | | Plättchen

E: | | Plättchen   F: | | Plättchen

c) Schreibe Vergleiche auf.

In Figur _____ passen gleich viele Plättchen wie in Figur _____ .

In Figur _____ passen mehr Plättchen als in Figur _____ .

In Figur _____ passen weniger Plättchen als in Figur _____ .

★ bestimmen und vergleichen den Flächeninhalt ebener Figuren durch Auslegen mit Einheitsquadraten

Flächen von Quadraten und Rechtecken zerlegen

1 Zerlege das Quadrat auf verschiedene Weise
in zwei gleich große Flächen.

 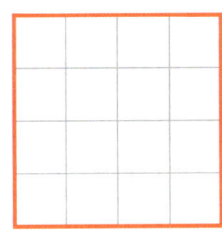 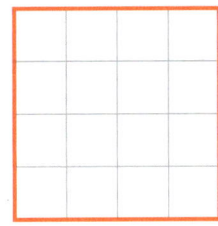 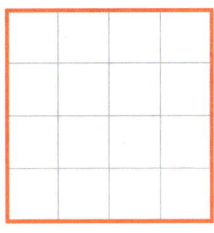

2 Zerlege das Rechteck auf verschiedene Weise
in zwei gleich große Flächen.

 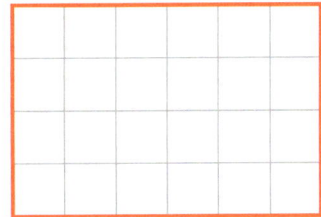 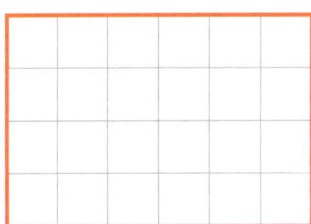

3 Zeichne ein Rechteck, das den gleichen Flächeninhalt hat
wie die vorgegebene Figur.

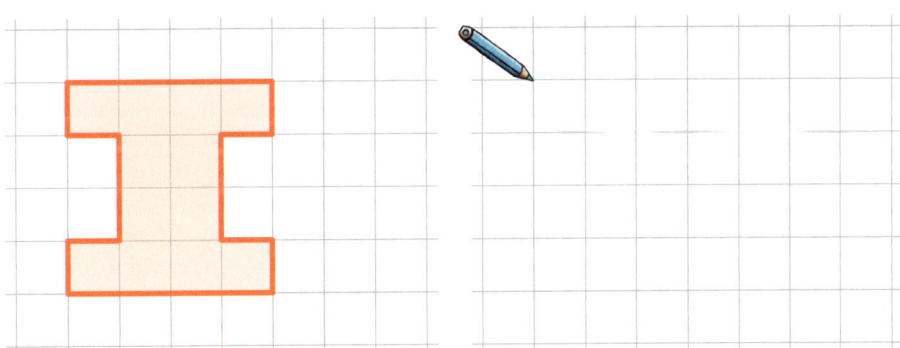

4 Zeichne ein Quadrat, das den gleichen Flächeninhalt hat
wie die vorgegebene Figur.

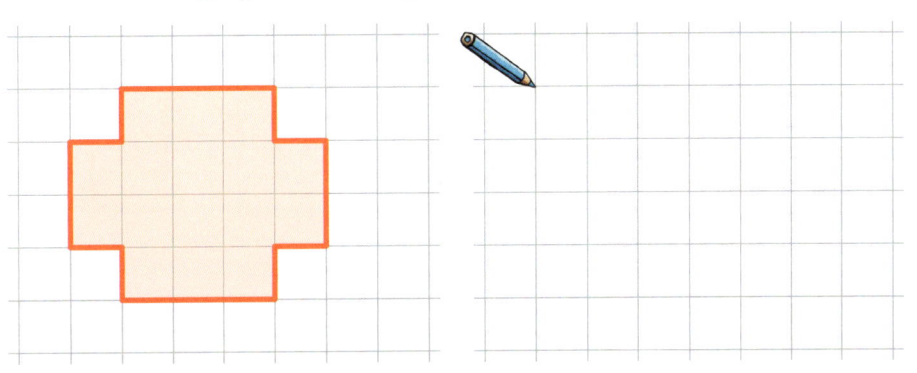

★ finden verschiedene Möglichkeiten, um die Fläche eines Quadrates und eines Rechtecks zu halbieren
★ bestimmen den Flächeninhalt ebener Figuren mithilfe von Einheitsquadraten
★ zeichnen zu einem vorgegebenen Flächeninhalt passende Quadrate oder Rechtecke

Figuren zeichnen und Flächeninhalte ermitteln

Die Anzahlen der Kästchen in den Quadraten sind Quadratzahlen.

16 Kästchen   4 Kästchen   9 Kästchen   1 Kästchen

1 Zeichne Quadrate und ermittle die Größe der Flächen.

a) Übertrage die Quadrate in dein Heft. Benutze ein Lineal. Setze die Reihe fort.

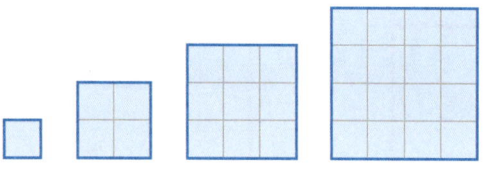

...

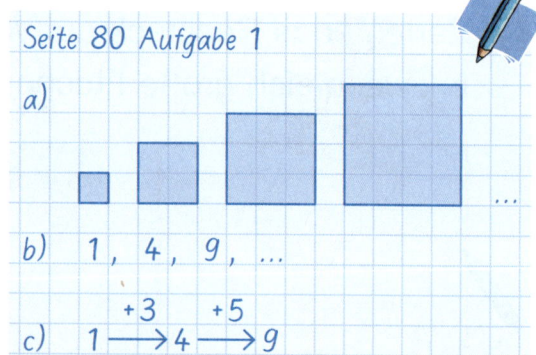

Seite 80 Aufgabe 1

a)

b) 1 , 4 , 9 , ...

c) $1 \xrightarrow{+3} 4 \xrightarrow{+5} 9$

b) Bestimme die Anzahl der Kästchen.

c) Bestimme, wie viele Kästchen jeweils dazukommen.

2 Zeichne Quadrate zu folgenden Flächenangaben.

a) 25 Kästchen   b) 49 Kästchen

c) 64 Kästchen   d) 16 Kästchen

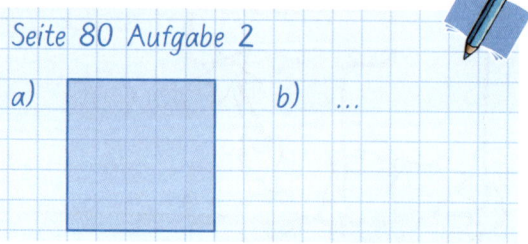

Seite 80 Aufgabe 2

a)   b) ...

3 Bestimme die Anzahl der ausgemalten Kästchen.
Zerlege die Figuren geschickt. Schreibe deine Rechnungen auf.

a)   b)   c)

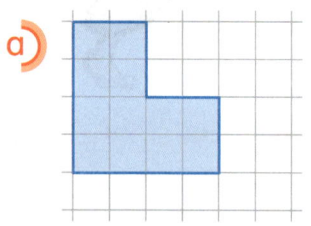

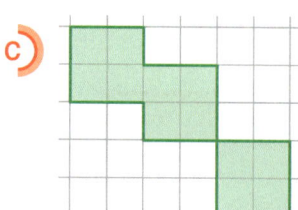

$4 \cdot 2 + 2 \cdot 2$

$8 + 4 = 12$

★ erkennen mathematische Beziehungen und Gesetzmäßigkeiten und übertragen diese auf ähnliche Sachverhalte
★ bestimmen und vergleichen den Flächeninhalt mithilfe von Einheitsquadraten und durch das Zerlegen in Teilstücke